高等职业教育"十四五"系列教材 财会类

基础会计实务

（第四版）

主　编　周红缨　潘细香
副主编　李　微　罗荷英　胡　云
　　　　杨伶俐　陈　晶　徐　龙
　　　　徐　姚
参　编　邹媛媛　李志茹　祝　捷
　　　　白秋月　严艳焱

微信扫码
查看更多资源

南京大学出版社

内容提要

本书共分七个项目，前两个项目以通俗易懂的语言结合案例、图表等介绍了会计的基本理论和原理以及会计工作组织，后五个项目以会计实际工作步骤和工作任务为主线，结合案例、图表等介绍会计核算的基本方法以及操作技能。每个项目的结构设置为知识导图、素养目标、知识目标、能力目标、案例导入、教学内容、知识链接、案例分析、项目小结、课堂讨论题、复习思考题等模块，有配套的辅助教材《基础会计习题与项目实训》。

本教材可作为高职高专财会、税务、审计及经济管理等相关专业学生的专业基础课教材，也可以作为社会各界自学、培训和助理会计师考试的参考资料。

图书在版编目（CIP）数据

基础会计实务 / 周红缨，潘细香主编. — 4 版. — 南京：南京大学出版社，2023.7(2024.8 重印)
ISBN 978-7-305-26454-2

Ⅰ.①基… Ⅱ.①周… ②潘… Ⅲ.①会计实务—高等职业教育—教材 Ⅳ.①F233

中国国家版本馆 CIP 数据核字（2023）第 010155 号

出版发行	南京大学出版社
社　　址	南京市汉口路 22 号　　邮　编　210093
书　　名	**基础会计实务** JICHU KUAIJI SHIWU
主　　编	周红缨　潘细香
责任编辑	武　坦　　　　　编辑热线　025-83592315
照　　排	南京开卷文化传媒有限公司
印　　刷	南京人文印务有限公司
开　　本	787 mm×1092 mm　1/16　印张 13　字数 341 千
版　　次	2023 年 7 月第 4 版　2024 年 8 月第 2 次印刷
ISBN	978-7-305-26454-2
定　　价	42.00 元

网　　址：http://www.njupco.com
官方微博：http://weibo.com/njupco
微信服务号：njuyuexue
销售咨询热线：(025)83594756

* 版权所有，侵权必究
* 凡购买南大版图书，如有印装质量问题，请与所购图书销售部门联系调换

前言 | Foreword

为了加强高等职业教育会计专业教学改革，建立符合工学结合的人才培养模式的需要，我们组织了长期从事职业教育、教学经验丰富、实践能力强的双师型教师编写了本套教材。本教材在充分考虑高等职业教育培养目标的基础上，本着"立德树人、知识够用、能力为主"的理念进行编写的。创新点主要表现在以下几个方面：

（1）思政元素贯穿整本教材。在教材项目一中介绍了会计的法律法规和会计职业道德，然后在教材的每一项目开始有素养目标，中间或结尾都有思政案例和分析，使学生一接触会计就了解和熟悉会计法律法规和会计职业道德规范，然后每一个项目中的思政案例进一步加强学生对会计法律法规和会计职业道德规范的理解，有助于培养学生树立良好的会计职业道德观和法制观念，树立正确的世界观、人生观、价值观，养成坚持诚信，守法奉公；坚持准则，守责敬业；坚持学习，守正创新的职业素养。

（2）内容新颖。本教材根据二十大精神内容以最新的企业会计准则、税法规定和会计法律法规为依据，在编写过程中融入了初级会计资格考试的相关内容。

（3）以知识"够用"为度，突出实践能力的培养。本教材根据会计实际工作步骤以及学生的认知规律编写的，共分七个项目，前两个项目以通俗易懂的语言结合案例、图表等介绍会计基础理论和原理以及会计工作组织，后五个项目以企业主要实际经济业务为主线，按会计实际工作步骤结合案例、图表等介绍会计核算的基本方法以及操作技能。配有《基础会计习题与项目实训》辅导教材，既有丰富的习题，又有仿真经济业务的单据及相关资料，既有利于巩固所学的知识，又能指导学生进行仿真实训，强化学生实际操作能力，提高学生动手操作能力和会计处理能力，充分体现了教学过程的实践性、职业性、开放性。

（4）结构独特。每个项目结构设置为知识导图、知识目标、能力目标、素养目标、案例导入、教学内容、知识链接、案例分析、项目小结、课堂讨论、复习思考题等模块。"案例导入"图文并茂，教材所配案例紧贴每一项目的主题，生动丰富，有较大的启发性；课堂讨论理论联系实际，引导学生思考问题。这些都增加了教材的趣味性、实用性，有利于提高学生学习的积极性、主动性和创造性，提高学生分析问题、解决问题的能力。

（5）校企合作"双元"教材。本教材有企业专家参与编写，同时在编写过程中与厦门科云信息科技有限公司合作,公司为本教材提供了动画微课。

(6)丰富的教学资源。既有配套立体化的教学资源(包括动画微课、教学课件、课程标准、知识导图等),又有配套的《基础会计实务习题与项目实训》辅助教材。

本教材可作为高等职业教育财会、税务、审计及经济管理等相关专业学生的专业基础课教材,也可以作为社会各界自学、培训和助理会计师考试的参考资料。

本教材由江西旅游商贸职业学院周红缨、潘细香担任主编,江西旅游商贸职业学院李薇、罗荷英、胡云、杨伶俐、陈晶、徐龙,云南旅游职业学院徐姚任副主编。厦门科云信息科技有限公司给予大力支持。具体分工如下:项目一和项目四由周红缨编写,项目二由罗荷英编写,项目三由李薇编写,项目五由胡云编写,项目六由杨伶俐编写,项目七由徐姚、潘细香、徐龙编写。参与编写的有:云南旅游职业学院邹媛媛、江西旅游商贸职业学院李志茹、祝捷、南昌普瑞眼科医院会计师白秋月、南昌江铃拖拉机有限公司会计师严艳焱,李志茹、白秋月、严艳焱为教材编写提供了素材和有关企业实际经济业务方面的咨询;祝捷负责收集整理与教材有关的素材,负责与本教材相关的教学视频的拍摄工作;动漫微课由厦门科云信息科技有限公司提供,潘细香负责整理。全书最后由周红缨、陈晶、潘细香负责修改并总纂,赵恒伯审定。

由于编者水平有限,加之时间较为仓促,书中难免会有错误和疏漏之处,恳请读者批评指正,以便今后修订。

编　者

2023 年 5 月

目录 Contents

项目一　了解会计 ·· （ 1 ）
　任务一　认识会计 ··· （ 2 ）
　任务二　会计工作组织 ··· （ 12 ）
　本项目小结 ·· （ 16 ）
　课堂讨论 ·· （ 17 ）
　复习思考题 ·· （ 17 ）

项目二　账户设置与复式记账 ··· （ 18 ）
　任务一　会计要素与会计等式 ·· （ 19 ）
　任务二　会计科目与账户 ·· （ 30 ）
　任务三　复式记账与借贷记账法 ··· （ 36 ）
　本项目小结 ·· （ 47 ）
　课堂讨论 ·· （ 48 ）
　复习思考题 ·· （ 48 ）

项目三　填制与审核原始凭证 ··· （ 49 ）
　任务一　原始凭证的填制 ·· （ 50 ）
　任务二　原始凭证的审核 ·· （ 58 ）
　本项目小结 ·· （ 63 ）
　课堂讨论 ·· （ 64 ）
　复习思考题 ·· （ 65 ）

项目四　填制与审核记账凭证 ··· （ 66 ）
　任务一　企业主要经济业务的核算 ·· （ 67 ）
　任务二　记账凭证的填制与审核 ··· （105）
　任务三　会计凭证的传递和保管 ··· （116）
　本项目小结 ·· （117）

课堂讨论 ……………………………………………………………………… (120)
　　复习思考题 …………………………………………………………………… (120)

项目五　设置与登记会计账簿 ………………………………………………… (121)
　　任务一　认识账簿 …………………………………………………………… (123)
　　任务二　会计账簿的设置与登记 …………………………………………… (132)
　　任务三　错账的更正 ………………………………………………………… (141)
　　任务四　对账和结账 ………………………………………………………… (144)
　　任务五　账务处理程序 ……………………………………………………… (147)

　　本项目小结 …………………………………………………………………… (163)
　　课堂讨论 ……………………………………………………………………… (164)
　　复习思考题 …………………………………………………………………… (164)

项目六　财产清查 ……………………………………………………………… (165)
　　任务一　认识财产清查 ……………………………………………………… (166)
　　任务二　货币资金的清查 …………………………………………………… (172)
　　任务三　实物的清查 ………………………………………………………… (177)
　　任务四　往来款项的清查 …………………………………………………… (180)

　　本项目小结 …………………………………………………………………… (180)
　　课堂讨论 ……………………………………………………………………… (182)
　　复习思考题 …………………………………………………………………… (182)

项目七　编制财务报告 ………………………………………………………… (183)
　　任务一　认识财务报告 ……………………………………………………… (184)
　　任务二　资产负债表的编制 ………………………………………………… (187)
　　任务三　利润表的编制 ……………………………………………………… (192)
　　任务四　现金流量表的编制 ………………………………………………… (196)

　　本项目小结 …………………………………………………………………… (199)
　　课堂讨论 ……………………………………………………………………… (200)
　　复习思考题 …………………………………………………………………… (200)

参考文献 ………………………………………………………………………… (201)

项目一

了解会计

【知识目标】

1. 掌握会计的定义、职能、目标和对象。
2. 掌握会计核算基础和会计核算的方法。
3. 理解会计核算的基本前提和会计信息质量要求。
4. 了解会计机构的设置、人员的配备和会计工作组织形式。
5. 理解和牢记会计人员的职业道德规范。
6. 了解会计法律法规。

【能力目标】

1. 能描述企业的资金运动过程。
2. 能描述会计岗位的设置。

【素养目标】

1. 遵守会计职业道德规范和会计法律法规,树立良好的会计职业道德观和法制观念,树立正确的世界观、人生观、价值观。
2. 充分认识会计,了解会计职业,掌握会计的基本理论,树立会计职业自豪感和荣誉感。

【案例导入】

会计到底是什么?

会计是指一个人——李会计、严会计?
会计是一项工作——打打算盘、记记账?
会计是一个机构——"财务部"或"财务处"?
会计是一门学科——大学开设的会计专业?

知识导图

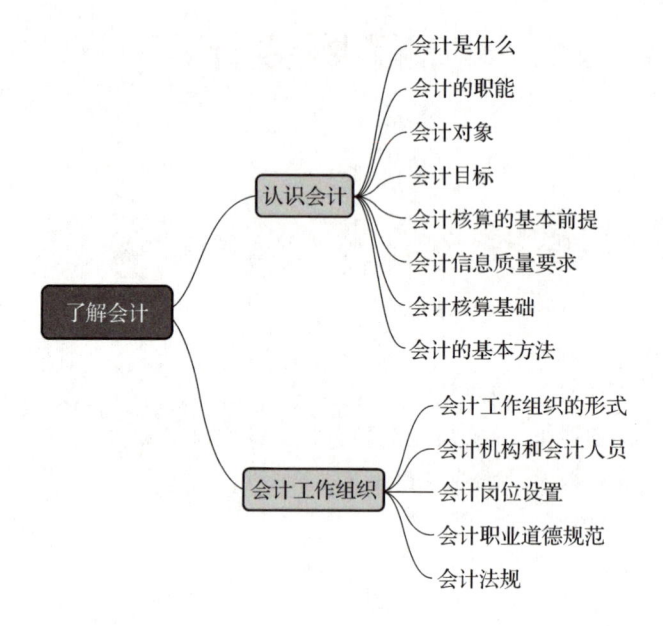

了解会计
- 认识会计
  - 会计是什么
  - 会计的职能
  - 会计对象
  - 会计目标
  - 会计核算的基本前提
  - 会计信息质量要求
  - 会计核算基础
  - 会计的基本方法
- 会计工作组织
  - 会计工作组织的形式
  - 会计机构和会计人员
  - 会计岗位设置
  - 会计职业道德规范
  - 会计法规

任务一 认识会计

一、会计是什么

会计的认知

会计在日常生活中有不同的意思：一是指从事会计工作的人，如李会计、严会计等；二是指会计工作，如小李是干会计的；三是指一个机构，如财务处；四是指以会计为研究对象的学科，如很多大学开设了会计专业。这四种意思还只是说明会计含义的一部分，并不全面。

为了更全面地了解会计，下面将做进一步的说明。

会计是以货币为主要计量单位，利用专门的方法和程序，对企业和行政、事业单位的经济活动进行完整、连续、系统的核算与监督，以提供会计信息和反映受托责任履行情况为主要目的的经济管理活动。

会计作为一项经济管理活动，具有如下特征：

（1）会计是以货币为主要计量单位，这是会计区别于其他管理活动的重要标志。

（2）会计的对象是企业、行政事业等单位的能以货币反映的经济活动。

（3）会计的基本职能是核算和监督。此外还有预测、参与决策、评价等拓展的职能。

（4）会计对经济活动的核算和监督是完整的、连续的、系统的。

（5）会计核算必须遵循会计程序、会计准则和会计制度，具有一系列专门的方法。

（6）会计的本质是一种经济管理活动，而不是一种管理工具。会计也是一个经济信息系统,会计通过收集、加工和利用会计信息,监督经济活动,调整经济行为,分析经济效果,预测经济前景,参与经营决策,评价经营业绩。

知识链接

会计的产生和发展

会计作为一种经济管理活动,是适应社会生产发展和经济管理的要求而产生和发展的。在原始社会末期,随着生产的发展,开始有了剩余劳动,人类为记录劳动成果的数量,采用了"结绳记事""刻竹为书"等简单方法,这就是会计的萌芽。但这种会计的雏形只是"生产职能的附带部分"。随着生产力发展到一定水平,出现了社会分工,产生了原始的文字和数字,于是会计从生产职能中分离出来,成为一种独立的管理职能。

会计的发展历程

在我国,"会计"一词最早出现在奴隶社会的西周时代。当时设立了朝廷钱粮收支的官吏——"司会",进行"月计岁会"。"零星算之为计,总合算之为会"是对会计的解释。唐朝中后期出现了"四柱结算法",它在宋朝发展成熟,得到了普遍运用。四柱是指"旧管""新收""开除""实在",并且通过"旧管+新收=开除+实在"这个平衡公式进行结账。"四柱"相当于现代会计的"上期结存""本期收入""本期支出"和"本期结存"。这是我国古代会计的一个杰出成就,即使在现代会计中,仍然运用这一平衡关系。明末清初出现了龙门账,将账目划分为进(全部收入)、缴(全部支出)、存(资产并包括债权)、该(负债并包括业主投资),年终通过"进与缴"和"存与该"差额对比,如果计算的盈亏一致,才能合龙,故称为"合龙门",这标志着我国复式记账法的正式产生。

在西方,13世纪末,在意大利的佛罗伦萨产生了借贷记账法。1494年,意大利数学家卢卡·帕乔利发表了《算术、几何、比及比例概要》一书,系统地阐述了借贷记账法的原理及其应用。借贷记账法的运用,是会计发展史上一个光辉的里程碑,它标志着近代会计的开端。

现代会计一般认为从20世纪50年代开始,这一阶段有两个质的飞跃:其一,是现代电子技术与会计相结合,电子计算机逐渐代替传统手工操作,使会计在操作方法上有了根本的变化;其二,是生产和管理科学的迅猛发展,使会计分化为两个领域,即财务会计和管理会计,并基本形成了各自的理论体系及相应的程序和方法。

从会计的产生和发展可以看出,会计是随着社会生产的产生而产生,并随着社会生产的发展而发展的,它与社会生产力的发展有着密切的联系,生产越发展越是社会化,会计就越重要,会计正是在为社会经济发展的服务中不断完善和发展的。

二、会计的职能

会计的职能是指会计在管理活动中所具有的功能。会计的基本职能是核算和监督。随着社会经济的发展,会计又产生了预测经济前景、参与经济决策、评价经营业绩等拓展职能。

（一）会计核算

核算职能，又称反映职能，是指会计以货币为主要计量单位，通过确认、计量、记录与报告等环节，对特定单位的经济活动进行记账、算账与报账，为有关方面提供会计信息的功能。简单地说，就是记账、算账、报账。记账是指对特定单位的经济活动采用专门的记账方法，在账簿中进行登记；算账是指在记账的基础上，对单位一定时期的收入、费用、利润和特定日期的资产、负债、所有者权益进行计算；报账是指在算账的基础上，对单位的财务状况、经营成果和现金流量情况，以会计报表的形式向有关方面报告。

1. 会计核算的主要内容

（1）款项和有价证券的收付；
（2）财物的收发、增减和使用；
（3）债权债务的发生和结算；
（4）资本、基金的增减；
（5）收入、支出、费用、成本的计算；
（6）财务成果的计算和处理；
（7）需要办理会计手续、进行会计核算的其他事项。

2. 会计核算的特点

（1）会计以货币为主要计量单位。计量单位是指用来度量事物数量的尺度标准，通常包括三种计量单位：实物量度、劳动量度和货币量度。会计以货币为主要计量单位，但不排除同时运用其他计量单位，货币不是会计的唯一计量单位。如用实物量度反映原材料和库存商品的数量，用劳动量度作为计算劳动报酬的基础等。

（2）会计核算具有完整性、系统性、连续性。会计核算的完整性是指对作为会计对象的经济活动进行完整记录、计算和报告，不能有任何遗漏；会计核算的系统性是指要应用科学的方法对繁多的经济活动进行归类和综合处理，以形成完整的会计指标体系；会计核算的连续性是指会计记录、计量和报告应当连续进行，在时间上或空间上应是连续不断的。

（3）会计核算是以已经发生或已经完成的经济业务为内容。这就要求会计记录必须以真实可靠的凭证为依据，保障会计记录的真实性。

（二）会计监督

监督职能也叫控制职能。会计监督，是对单位的经济活动和相关会计核算进行的检查监督，分为单位内部监督、国家监督和社会监督三部分。单位内部的会计监督职能是指单位内部的会计机构、会计人员对其特定主体经济活动和相关会计核算的真实性、完整性、合法性和合理性进行审查，使之达到预期经济活动和会计核算目标的功能。会计的国家监督是指财政、审计、税务、人民银行、证券监管、保险监管等部门依照有关法律、行政法规规定对各有关单位会计资料的真实性、完整性、合法性等实施的监督检查。会计的社会监督是指以注册会计师为主体的社会中介机构等实施的监督活动。

真实性审查，是审查各项会计核算的经济业务是否确实发生，是否如实反映经济业务的实际情况，保证会计信息的真实可靠。完整性审查，是审核会计核算的范围和内容是否全面，有无遗漏等情况。合法性审查是指检查各项经济业务及其会计核算是否符合国家有关法律法规，遵守财经纪律，执行国家各项方针政策，以杜绝违法乱纪行为。合理性审查是指检查各项财务收支是否符合客观经济规律及经营管理方面的要求，保证各项财务收支符合特定的财务收支计划，实现预算目标。

会计的核算职能和监督职能是相辅相成、辩证统一的关系。会计核算是会计监督的基础，没有核算所提供的各种信息，监督就失去了依据；而会计监督又是会计核算质量的保证，没有监督，就难以保证核算所提供信息的真实性、可靠性。

三、会计对象

会计对象是指会计所要核算和监督的内容。会计需要以货币为主要计量单位，对特定主体的经济活动进行核算与监督。因此，会计对象具体是指在社会再生产过程中能用货币表现的经济活动。以货币表现的经济活动，通常又称为资金运动，包括资金投入、资金运用（即资金的循环与周转）、资金退出三个环节。而不同类型的企业或单位，资金运动的形式和内容不同，会计对象的具体内容也就不同。其中工业企业最具代表性，下面以工业企业为例，说明企业会计的具体对象。

企业要从事生产经营活动，首先要筹集到一定数量的资金，资金筹集的主要渠道是投资者投入和向金融机构借入，筹集到资金后便可进行生产经营，用于建造厂房、购买机器设备、采购材料、支付职工工资、支付经营管理中必要的开支等。工业企业的生产经营可分为三个过程，即材料供应过程、产品生产过程、产品销售过程。在这三个过程中，企业运用资金，同时发生资金的耗费，通过资金的收回，最终获得收益，最后企业要确认利润并进行利润分配。在收回的资金中，会有一部分资金退出企业，如归还借款、上缴税金、向投资者分配利润等，剩余的资金留在企业，继续参加企业的再生产过程。企业资金运动过程，如图 1-1 所示。

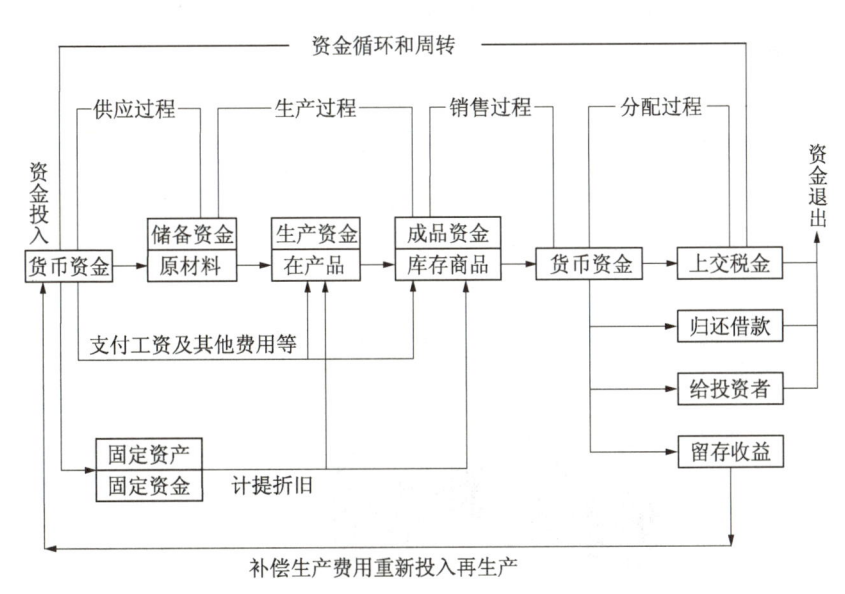

图 1-1 企业资金运动过程

在供应过程,企业用货币资金购买各种材料物资,支付货款和采购费用,并将采购的材料物资存放在仓库备用,这时货币资金转化为储备资金。在生产过程,要领用各种材料等,发生了材料费用,使用机器设备等固定资产,发生了固定资产折旧费用,同时还要发生工资费用以及其他费用等,这时储备资金及部分的固定资金和货币资金转化为生产资金,随着产品完工验收入库,生产资金转化为成品资金。在销售过程,为销售产品,企业还需要用货币资金和其他资产支付销售费用,出售产品实现销售收入,收回货款,这时成品资金又转化为货币资金。在供应、生产、销售过程中,货币资金依次不断改变其形态,称为资金循环,资金周而复始地不断循环,称为资金的周转。

四、会计目标

会计的目标也称财务报告的目标,是指会计管理活动所期望达到的预期结果。2006年财政部颁布的《企业会计准则——基本准则》第四条明确规定:"财务会计报告的目标是向财务报告使用者提供与企业财务状况、经营成果和现金流量等有关的会计信息,反映企业管理层受托责任履行情况,有助于财务报告使用者做出经济决策。财务会计报告使用者包括投资者、债权人、政府及其有关部门和社会公众等。"概括地讲,会计的目标包括提供会计信息和反映企业管理层受托责任的履行情况两个方面。

五、会计核算的基本前提和会计信息质量要求

(一)会计核算的基本前提

会计核算的基本前提也称会计的基本假设。会计核算基本前提是在进行会计核算时必须明确的前提条件。它是对会计所处的时间、空间环境做出的合理的规定,它既是组织会计工作的基本依据,也是制定会计准则和会计制度的指导思想。会计核算的基本前提包括会计主体、持续经营、会计分期和货币计量四项。

1. 会计主体

会计主体是指会计工作为其服务的特定单位或组织。它界定了从事会计工作和提供会计信息的空间范围。一般来讲,凡是拥有独立的资金,自主经营,独立核算收支、盈亏,并编制会计报表的单位或组织就构成了一个会计主体,如图1-2所示。

图1-2 会计主体

会计主体这一前提要求会计人员只能核算和监督所在主体的经济业务。这一基本前提的主要意义在于：一是将特定主体的经济活动与该主体所有者及职工个人的经济活动区别开来；二是将该主体的经济活动与其他单位的经济活动区别开来，从而界定了从事会计工作和提供会计信息的空间范围，同时说明某会计主体的会计信息仅与该会计主体的整体活动和成果相关。例如，甲公司将商品销售给乙公司，甲公司的会计人员要做商品销售的账务处理，乙公司的会计要做商品购进的账务处理，如图1-3所示。

图1-3 会计主体

应当注意的是，会计主体不同于法律主体。一般来说，法律主体必然是一个会计主体，会计主体不一定是法律主体。例如，在企业集团的情况下，母子公司虽然是不同的法律主体，但是，为了全面反映企业集团的财务状况、经营成果和现金流量，就有必要将这个企业集团作为一个会计主体，编制合并会计报表。

总之，会计主体可以是独立法人，也可以是非法人（如合伙经营活动）；可以是一个企业，也可以是企业内部的某一单位或企业内部的某一个特定的部分（如企业的分公司、企业设立的事业部）；可以是单一企业，也可以是由几个企业组成的企业集团。

2. 持续经营

持续经营是指在可预见的未来，会计主体的生产经营活动将根据正常的经营方针和既定的经营目标持续经营下去。即在可预见的未来，该会计主体不会破产清算，所持有的资产将正常营运，所负有的债务将正常偿还。明确这个基本前提，会计信息的可比性等会计信息质量要求才能得到满足，会计的历史成本计量属性才能发挥作用，企业在信息的收集和处理上所采用会计方法才能保持稳定，会计核算才能正常进行。当然，任何企业都不可能长生不老，一旦进入破产清算，持续经营将被清算所取代，从而使这一前提不复存在。但这不会影响持续经营前提在大多数正常企业的会计核算中发挥作用。

3. 会计分期

会计分期是指在企业持续不断的经营过程中，人为地划分若干等距离的会计期间，并据以分期结算账目和编制财务会计报告。会计期间分为年度和中期。中期是指短于一个完整的会计年度的报告期间，一般指月度、季度、半年度等。年度、半年度、季度和月度均要按公历起讫日期确定。一个会计年度是指公历的1月1日至12月31日。

会计分期规定了会计核算的时间范围。明确会计分期对会计核算有着重要影响。由于会计分期，才产生了当期与其他期间的差别，从而出现权责发生制和收付实现制的区别，才使不同类型的会计主体有了记账的基础，进而出现了应收、应付、预收、预付、摊销等会计处理方法。

4. 货币计量

货币计量是指会计主体在会计核算过程中采用货币作为计量单位，记录、反映会计主体的经营情况。

在我国，企业的会计核算应以人民币作为记账本位币。业务收支以人民币以外的货币为主的企业，可以选定某种外币作为记账本位币，但是编制的财务会计报告应当折算为人民币。在境外设立的中国企业向国内报送的财务会计报告，应当折算为人民币。

上述会计核算的四项基本前提，具有相互依存、相互补充的关系。会计主体确立了会计核算的空间范围，持续经营与会计分期确立了会计核算的时间长度，而货币计量则为会计核算提供了必要手段。没有会计主体，就不会有持续经营；没有持续经营，就不会有会计分期；没有货币计量，就不会有现代会计。

（二）会计信息质量要求

会计信息质量要求是对企业财务报告所提供会计信息质量的基本要求，是使财务报告所提供会计信息对投资者等信息使用者决策有用应具备的基本特征，主要包括可靠性、相关性、可理解性、可比性、实质重于形式、重要性、谨慎性、及时性等。

1. 可靠性

可靠性又称真实性，要求企业应当以实际发生的交易或者事项为依据进行会计确认、计量和报告，如实反映符合确认和计量要求的各项会计要素及其他相关信息，保证会计信息真实可靠、内容完整。

2. 相关性

相关性又称有用性，要求企业提供的会计信息应当与财务会计报告使用者的经济决策需要相关，有助于财务会计报告使用者对企业过去、现在或者未来的情况做出评价或者预测。

3. 可理解性

要求企业提供的会计信息应当清晰明了，便于财务会计报告使用者理解和使用。

4. 可比性

要求企业提供的会计信息应该相互可比，它既包括横向可比，也包括纵向可比。纵向可比是指同一企业不同时期发生的相同或者相似的交易或者事项，应当采用一致的会计政策，不得随意变更。确需变更的，应当在附注中说明。横向可比是指不同企业发生的相同或者相似的交易或者事项，应当采用规定的会计政策，确保会计信息口径一致、相互可比。

5. 实质重于形式

要求企业按照交易或事项的经济实质进行确认、计量和报告，而不应当仅仅以它们的法律形式为依据。

在实际工作中，交易或事项的外在法律形式并不总能完全真实地反映其实质内容。例如，企业租入的资产（短期租赁和低值资产租赁除外），虽然从法律形式来讲企业并不拥有其所有权，但是由于租赁合同中规定的租赁期相当长，接近于该资产的使用寿命，租赁期结束时承租企业有优先购买该资产的选择权，在租赁期内承租企业有权支配资产并从中受益。由于从其经济实质来看，企业能够控制其创造的未来经济利益，所以，会计核算上应当将租入的资产视为企业的资产，在资产负债表中填列使用权资产。

6. 重要性

要求企业提供的会计信息应当反映与企业财务状况、经营成果和现金流量等有关的所有重要交易或者事项。

7. 谨慎性

要求企业对交易或者事项进行会计确认、计量和报告时应当保持应有的谨慎，不应高估资产或者收益、低估负债或者费用。例如，要求企业定期或者至少每年年度终了，对可能发生的各项资产损失计提资产减值准备、对售出商品很可能发生的保修义务确认预计负债、对可能承担的环保责任确认预计负债和固定资产的加速折旧等充分体现了谨慎性要求。

会计信息质量的谨慎性要求，需要企业在面临不确定因素的情况下做出职业判断，保持必要的谨慎。充分估计可能发生的风险和损失，尽量少计或不计可能取得的收益。需要注意的是，这并不意味着企业可以任意设置各种秘密准备，否则，就属于滥用谨慎性原则，并视为重大会计差错来处理。

8. 及时性

企业对于已经发生的交易或者事项，应当及时进行会计确认、计量和报告，不得提前或者延后。

六、会计核算基础

《企业会计准则——基本准则》规定，企业应当以权责发生制为基础进行会计确认、计量和报告。

权责发生制原则是指企业在确认各期收入和费用时，应当以权利和责任的实际发生为标准。凡是当期已经实现的收入和已经发生或应当负担的费用，不论款项是否收付，都应当作为当期的收入和费用；凡是不属于当期的收入和费用，即使款项已在当期收付，也不应当作为当期的收入和费用。

与权责发生制相对应的是收付实现制，收付实现制是以款项实际收付作为标准来确认本期收入和费用的一种方法。凡是在本期内实际收到款项和实际支出款项，都应作为本期的收入和费用；凡是在本期内尚未实际收到和支出的款项，即使是由于本期业务而实际发生的，也不作为本期的收入和费用处理。目前，我国行政单位采用收付实现制，事业单位除经营业务可以采用权责发生制外，其他大部分业务也采用收付实现制。

【例1-1】 宏伟公司12月发生经济业务如下：

12月10日，销售产品一批，价款60 000元已收到；

12月13日，销售产品一批，价款80 000元，款项尚未收到；

12月15日，收到2月10日销售产品的货款20 000元；

12月25日，以银行存款10 000元支付明年财产保险费；

12月31日，计算出本月应付的短期借款利息3 000元。

请分别用权责发生制和收付实现制确认12月份的收入和费用。

分析：

权责发生制下：

12月份确认的收入：销售收入＝60 000+80 000＝140 000（元）

12月份确认的费用：短期借款利息3 000元

收付实现制下：

12月份确认的收入：实际收到的销售收入＝60 000+20 000＝80 000(元)
12月份确认的费用：实际支付的财产保险费10 000元

从上例可以看出，权责发生制比收付实现制更能正确反映各会计期间所实现的收入和为实现收入所应负担的费用，从而更准确地确定各会计期间的财务状况和经营成果。因此，在我国会计实务中，企业的会计核算是以权责发生制作为基础的。

七、会计核算方法

会计核算方法是对会计对象进行完整的、连续的、系统的记录、计算、反映和监督所应用的方法，主要包括以下七种。

（一）设置账户

设置账户是对会计核算对象的具体内容进行分类核算和监督的一种专门方法。会计对象的具体内容复杂多样，为了便于核算和监督，需对会计对象进行科学分类，设置账户，分类反映经济业务的增减变动及结存情况，以便为经营管理提供所需要的各种会计信息，并随时加以分析、检查和监督。

（二）复式记账

复式记账是对每一项经济业务都要以相等的金额，同时在两个或两个以上相互联系的账户中进行登记的一种专门方法。

（三）填制和审核会计凭证

会计凭证是记录经济业务，明确经济责任的书面证明，是登记账簿的依据。对每一项经济业务，都要取得或填制会计凭证，并加以审核，才能作为记账的根据。填制和审核会计凭证，不仅为经济管理提供真实可靠的数据资料，也是实行会计监督的一个重要方面。

（四）登记账簿

账簿是用来全面、连续地记录各项经济业务的簿籍，是保存会计数据资料的重要工具。登记账簿就是将审核无误的会计凭证记录的经济业务分类地记入有关簿籍中设置的各个账户，以便为编制会计报表提供完整而又系统的会计数据。

（五）成本计算

成本计算是指按照一定的成本对象，对生产经营过程中所发生的各种费用支出进行归集和分配，以确定该对象的总成本和单位成本的一种专门方法。通过成本计算，可以确定材料的采购成本、产品的生产成本和销售成本，可以反映和监督生产经营过程中发生的各项费用是否节约或超支，并据以确定企业经营盈亏。

（六）财产清查

财产清查是指通过对货币资金、实物资产和往来款项的盘点或核对，确定其实存数，查明其账存数与实存数是否相符的一种专门方法。财产清查对于保证会计信息的真实性、可靠性，保护财产的安全,加速资金周转等有重要的作用。

(七) 编制财务报告

编制财务报告是定期总结地反映企业财务状况、经营成果以及现金流量等情况的一种专门方法。财务报告主要是以账簿记录为依据,经过加工整理而产生的一套完整的指标体系的书面文件。编制财务报告有利于改善企业生产经营管理,并为有关单位提供投资的决策依据。

以上七种会计核算方法是相互联系、紧密结合的,共同构成一个完整的会计核算方法体系。其中填制和审核会计凭证是基本环节,登记账簿是中心环节,编制财务会计报告是终结环节。

七种会计核算方法的关系,如图1-4所示。

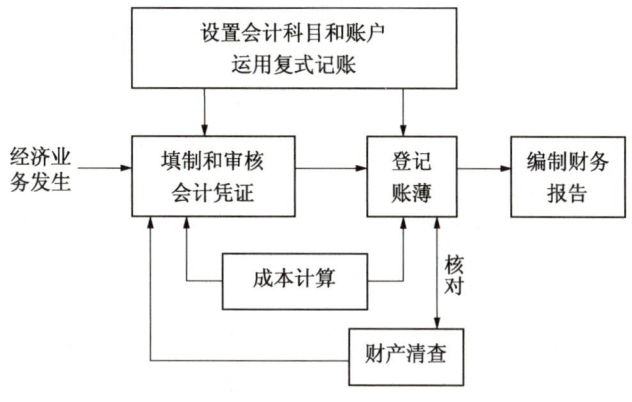

图1-4 会计核算方法的关系

任务二　会计工作组织

会计工作组织就是对会计机构的设置、会计人员的配备、会计制度的制定与执行等项工作所做的统筹安排。

科学地组织会计工作对于完成会计职能、实现会计的目标、发挥会计在经济管理中的作用，具有十分重要的意义。

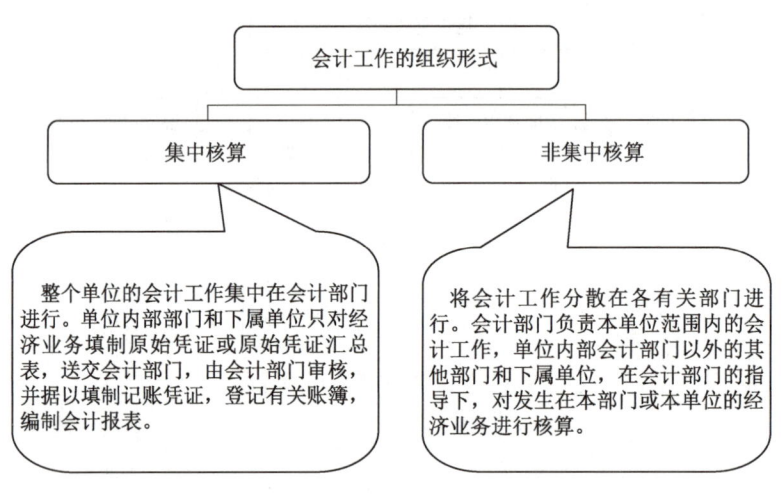

一、会计工作的组织形式

会计工作的组织形式，一般分为集中核算和非集中核算两种，如图1-5所示。

```
                    会计工作的组织形式
                    ┌──────┴──────┐
                  集中核算        非集中核算
```

集中核算：整个单位的会计工作集中在会计部门进行。单位内部部门和下属单位只对经济业务填制原始凭证或原始凭证汇总表，送交会计部门，由会计部门审核，并据以填制记账凭证，登记有关账簿，编制会计报表。

非集中核算：将会计工作分散在各有关部门进行。会计部门负责本单位范围内的会计工作，单位内部会计部门以外的其他部门和下属单位，在会计部门的指导下，对发生在本部门或本单位的经济业务进行核算。

图1-5　会计工作的组织形式

集中核算是把整个企业的主要会计工作都集中在会计部门进行。优点是：会计部门可以集中掌握有关资料，有利于了解企业全面经济活动情况，减少核算环节，简化核算手续，精减人员。缺点是：不便于各个基层单位了解本部门的核算资料。

非集中核算又称分散核算，是指会计工作分散在各有关部门进行。优点是：各职能部门和基层单位能及时了解本部门（单位）的经济活动情况，及时分析问题和解决问题，便于实行责任会计核算。缺点是：不便于会计部门及时、全面地了解整个单位的会计核算资料；会计核算工作总量增加；会计人员配备增加，核算费用支出增加。

一个企业单位是采用集中核算还是非集中核算，主要取决于该企业单位规模大小和内部经营管理的需要，取决于企业单位内部是否实行分级管理、分级核算。

二、会计机构和会计人员

会计机构是各单位办理会计事务的职能部门，会计人员是直接从事会计工作的人员。建立健全会计机构，配备与工作要求相适应、具有一定素质和数量的会计人员，是做好会计工作、充分发挥会计职能作用的重要保证。《会计法》《会计基础工作规范》等对会计机构设置和会计人员配备要求做了具体规定。

(一) 会计机构的设置

各单位应当根据会计业务的需要设置会计机构;不具备单独设置会计机构条件的,应当在有关机构中设置会计人员并指定会计主管人员;不具备设置条件的,应当委托经批准设立从事会计代理记账业务的中介机构代理记账。

(二) 会计人员

1. 会计人员的配备

设置会计机构,应当配备会计机构负责人;在有关机构中配备专职会计人员,应当在专职会计人员中指定会计主管人员。会计机构负责人、会计主管人员的任免,应当符合《中华人民共和国会计法》和其他有关法律的规定。担任单位会计机构负责人(会计主管人员)的,还应当具备会计师以上专业技术职务资格或者从事会计工作不少于三年。

大中型企业、事业单位、业务主管部门应当根据法律和国家有关规定设置总会计师。总会计师由具有会计师以上专业技术资格的人员担任。

2. 会计人员的要求和专业技术资格

会计人员从事会计工作,应当符合下列要求:① 遵守《中华人民共和国会计法》和国家统一的会计制度等法律法规;② 具备良好的职业道德;③ 按照国家有关规定参加继续教育;④ 具备从事会计工作所需要的专业能力。会计人员具有会计类专业知识,基本掌握会计基础知识和业务技能,能够独立处理基本会计业务,表明具备从事会计工作所需要的专业能力。

会计人员专业技术资格分初级资格、中级资格、高级资格三个级别,如图1-6所示。

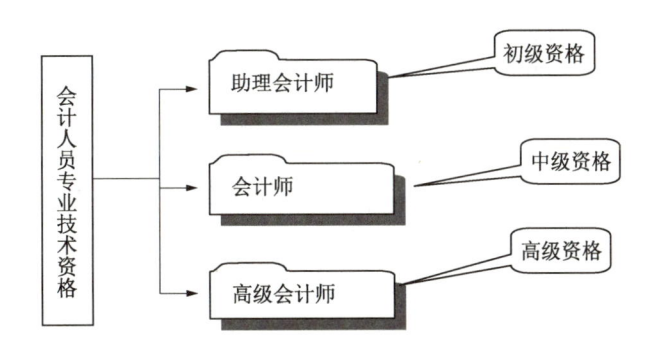

图1-6 会计人员专业技术资格

3. 会计人员的工作职责

按照国家制定的会计职业标准,会计人员的工作主要包括以下几个方面:
(1) 对单位的会计事项进行会计核算;
(2) 对单位的经济活动实行会计监督和控制;
(3) 根据会计准则和财务会计制度,拟定本单位办理会计事务的具体办法;
(4) 参与制订经济计划,考察、分析预算、财务计划的执行情况;

（5）办理其他会计事务，例如在本单位实行责任会计、经营决策会计、电算化会计等。

三、会计岗位的设置

企业应根据自身规模大小、业务量多少等具体情况设置会计岗位，一般大中型企业应设置会计机构负责人或者会计主管人员、出纳、财产物资核算、工资核算、成本费用核算、财务成果核算、往来结算、资金核算、总账报表、稽核和会计档案管理等会计岗位。小型企业因业务量较少，应适当合并减少岗位设置，例如，可设置出纳、总账报表和明细分类核算等会计岗位。

会计工作岗位，可以一人一岗、一人多岗或者一岗多人。但出纳人员不得兼管稽核、会计档案保管和收入、支出、费用、债权债务账目的登记工作。

四、会计职业道德规范

会计职业道德是指在会计职业活动中应遵循的、体现会计职业特征的、调整会计职业关系的职业行为准则和规范。会计人员在会计工作中应当遵守职业道德，树立良好的职业品质、严谨的工作作风，严守工作纪律，努力提高工作效率和工作质量。会计职业道德规范的主要内容包括以下八个方面：

（1）爱岗敬业。要求会计人员热爱会计工作，安心本职岗位，忠于职守，尽心尽力，尽职尽责。

（2）诚实守信。要求会计人员做老实人，说老实话，办老实事，执业谨慎，信誉至上，不为利益所诱惑，不弄虚作假，不泄露秘密。

（3）廉洁自律。要求会计人员公私分明，不贪不占，遵纪守法，清正廉洁。

（4）客观公正。要求会计人员端正态度，依法办事，实事求是，不偏不倚，保持应有的独立性。

（5）坚持准则。要求会计人员熟悉国家法律、法规和国家统一的会计制度，始终坚持按法律、法规和国家统一的会计制度的要求进行会计核算，实施会计监督。

（6）提高技能。要求会计人员增强提高专业技能的自觉性和紧迫感，勤学苦练，刻苦钻研，不断进取，提高业务水平。

（7）参与管理。要求会计人员在做好本职工作的同时，努力钻研相关业务，全面熟悉本单位经营活动和业务流程，主动提出合理化建议，协助领导决策，积极参与管理。

（8）强化服务。要求会计人员树立服务意识，提高服务质量，努力维护和提升会计职业的良好社会形象。

知识链接

会计人员职业道德规范

为推进会计诚信体系建设、提高会计人员职业道德水平，2023年1月12日，财政部根据《中华人民共和国会计法》《会计基础工作规范》，制定了《会计人员职业道德规范》。

一、坚持诚信，守法奉公。牢固树立诚信理念，以诚立身、以信立业，严于律己、心存敬畏。学法知法守法，公私分明、克己奉公，树立良好职业形象，维护会计行业声誉。

二、坚持准则,守责敬业。严格执行准则制度,保证会计信息真实完整。勤勉尽责、爱岗敬业,忠于职守、敢于斗争,自觉抵制会计造假行为,维护国家财经纪律和经济秩序。

三、坚持学习,守正创新。始终秉持专业精神,勤于学习、锐意进取,持续提升会计专业能力。不断适应新形势新要求,与时俱进、开拓创新,努力推动会计事业高质量发展。

五、会计法规

我国的会计法规体系是以《中华人民共和国会计法》为主体的比较完整的会计法规体系,主要包括 4 个层次:会计法律、会计行政法规、会计部门规章和其他规范性文件,如图 1-7 所示。

```
                   ┌ 会计法律:《中华人民共和国会计法》
                   │
我                 │ 会计行政法规 ┬ 《总会计师条例》
国                 │              └ 《企业财务会计报告条例》等
的                 │
会                 │              ┬ 《企业会计准则——基本准则》
计                 │              │ 《政府会计准则——基本准则》
法  ───────────────┤ 会计部门规章 ┤ 《事业单位会计准则》
规                 │              │ 《会计基础工作规范》
体                 │              └ 《会计档案管理办法》等
系                 │
                   │              ┬ 《企业会计准则》中的具体准则
                   └ 其他规范性文件┤ 《政府会计准则》中的具体准则
                                  └ 《小企业会计准则》等
```

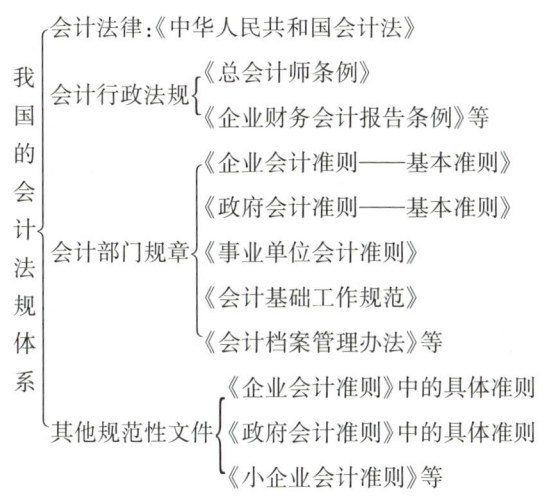

图 1-7 会计法规体系

(一) 会计法律

我国会计基本法律是《中华人民共和国会计法》。

《中华人民共和国会计法》(以下简称《会计法》)是我国会计工作的基本法规,是会计行为的最高法律规范,是为了规范会计行为,保证会计资料真实、完整,加强经济管理和财务管理,提高经济效益,维护社会主义市场经济秩序而制定的会计法规。

《会计法》起草于 1980 年 8 月,1985 年 1 月 21 日第六届全国人大常委会第九次会议审议通过,自 1985 年 5 月 1 日起施行。2017 年 11 月 4 日第十二届全国人民代表大会常务委员会第三十次会议对《会计法》做了修订,2017 年 11 月 5 日起施行,修订后的《会计法》取消了"从事会计工作的人员,必须取得会计从业资格证书"的规定。

(二) 会计行政法规

会计行政法规是指国务院制定并发布,或者国务院有关部门拟定并经国务院批准发布,调整经济生活中某些方面会计关系的法律规范。它的制定依据是《会计法》。例如,1990 年 12 月 31 日国务院发布、2011 年修订的《总会计师条例》,2000 年 6 月 21 日国务院发布的《企业财务会计报告条例》等。

(三) 会计部门规章

会计部门规章是指国家主管会计工作的行政部门即财政部门以及其他相关部委根据法律和国务院的行政法规、决定、命令,在本部门的权限范围内制定的,调整会计工作中某些方面内容的国家统一的会计准则制度和规范性文件。如 1996 年 6 月 17 日财政部发布、2019 年 3 月 14 日修改的《会计基础工作规范》;2016 年 2 月 16 日财政部发布、2019 年修改的《代理记账管理办法》;2006 年 2 月 15 日财政部发布、2007 年 1 月 1 日起在上市公司范围内施行的《企业会计准则——基本准则》;2012 年 12 月 6 日财政部修订、2013 年 1 月 1 日 1 起在各类事业单位施行的《事业单位会计准则》;2015 年 12 月 11 日财政部与国家档案局第二次修订发布的《会计档案管理办法》;2015 年 10 月 23 日财政部发布、2017 年 1 月 1 日起施行的《政府会计准则——基本准则》等。

(四) 其他规范性文件

会计规范性文件,如《企业会计准则》中的具体准则、《企业会计准则应用指南》;2011 年 10 月 18 日财政部发布的、2013 年 1 月 1 日起施行的《小企业会计准则》;《政府会计准则》中的具体准则等。

【案例 1-1】 李凝是一家公司的会计,因工作努力,钻研业务,多次被公司评为先进会计工作者。李凝的丈夫在一家私有企业任总经理,在其丈夫的多次请求下,李凝将在工作中接触到的公司新产品研发计划及相关会计资料复印件提供给丈夫,给公司带来一定的损失。公司认为李凝不宜继续担任会计工作。试分析:李凝错在哪里?

分析:

李凝违反了诚实守信、廉洁自律的会计职业道德要求。

【本项目小结】

会计的定义		会计是以货币为主要计量单位,利用专门的方法和程序,对企业和行政、事业单位的经济活动进行完整、连续、系统的核算与监督,以提供会计信息和反映受托责任履行情况为主要目的的经济管理活动
会计的基本职能	基本职能	两大基本职能:核算和监督 核算职能,又称为反映职能;监督职能,又称为控制职能
	拓展职能	预测、参与、评价等
会计对象		社会再生产过程中能用货币表现的经济活动,又称为资金运动,包括资金投入、资金运用(资金的循环与周转)、资金退出三个环节
会计的目标		也称为财务会计目标 两大目标:提供决策有用的会计信息和反映企业管理层受托责任履行情况 信息使用者:包括投资者、债权人、政府及其有关部门和社会公众等
会计核算的基本前提(基本假设)		会计主体(空间范围)、持续经营、会计分期。(时间范围,分为年度和中期)、货币计量 四项基本前提,具有相互依存、相互补充的关系

续　表

会计信息的质量要求	可靠性、相关性、可理解性、可比性、实质重于形式、重要性、谨慎性、及时性
会计核算基础	收付实现制和权责发生制 企业的会计核算是以权责发生制作为基础的
会计核算方法	七种方法：设置账户、复式记账、填制和审核会计凭证、登记账簿、成本计算、财产清查、编制财务会计报告 填制和审核会计凭证是基本环节，登记账簿是中心环节，编制财务会计报告是终结环节
会计岗位的设置	一般大中型企业设置的岗位：会计机构负责人或会计主管、出纳、财产物资核算、工资核算、成本费用核算、财务成果核算、债权债务核算、资金核算、总账报表、稽核、会计档案管理等会计岗位 一人一岗，一人多岗，一岗多人；出纳不得兼管稽核、会计档案保管和收入、费用、债权债务账目的登记工作
会计人员职业道德规范	坚持诚信，守法奉公；坚持准则，守责敬业；坚持学习，守正创新
会计法规	包括会计法律、会计行政法规、会计部门规章、其他规范性文件四个层次

【课堂讨论】

结合实际案例，谈谈会计职业道德在实际工作中的重要性。

【复习思考题】

1. 怎样理解会计的含义？
2. 什么是会计确认、计量、记录与报告？
3. 如何理解会计目标？
4. 会计的基本职能包括哪些内容？
5. 会计核算方法包括哪些内容？

项目二

账户设置与复式记账

【知识目标】

1. 理解和掌握会计要素和会计恒等式。
2. 理解和掌握会计科目和会计账户。
3. 理解和掌握借贷记账法原理及应用。

【能力目标】

1. 能正确运用会计科目和账户。
2. 能运用借贷记账法原理编制会计分录,登记有关账户、试算平衡等。

【素养目标】

1. 具有会计的思维能力,能用会计的语言如实反映经济业务数据的来龙去脉,保证会计信息的真实有效。
2. 具有自强自信、精益求精的工匠精神,遵循会计记账规则和会计等式。

【案例导入】

王明和好友何风分别出资30万元和20万元,共同组建宜家家具厂。但他们都没有接受过会计教育。本月发生以下经济业务:

1. 购进机器设备20 000元,用银行存款支付。
2. 收到商品订单10 000元,待商品发出后才能收到货款。
3. 购进木材等原材料20 000元,以银行存款支付。
4. 出售家具,收到现金8 000元。
5. 以银行存款10 000元支付员工工资。

王明和何风他们会怎样进行记录呢?

项目二　账户设置与复式记账

知识导图

```
                    ┌─ 会计要素与会计等式 ─┬─ 会计要素
                    │                    └─ 会计等式及经济业务的发生对其影响
账户设置与复试记账 ──┼─ 会计科目与账户 ─┬─ 会计科目
                    │                  └─ 账户
                    └─ 复式记账与借贷记账法 ─┬─ 复试记账法
                                            └─ 借贷记账法
```

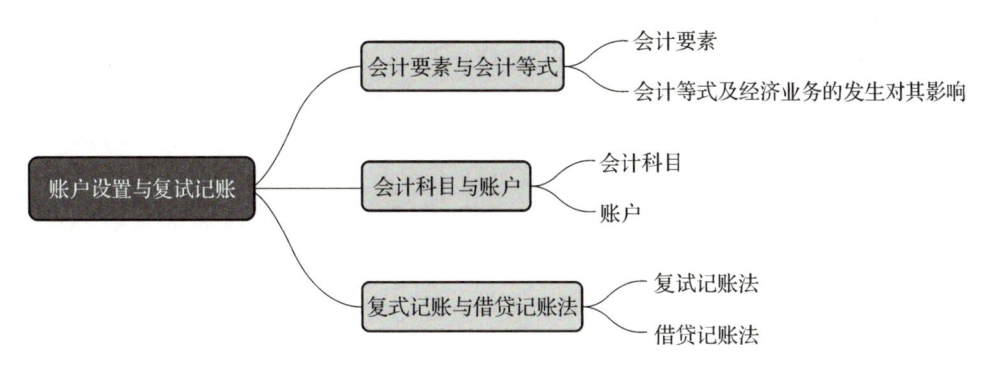

任务一　会计要素与会计等式

一、会计要素

(一) 会计要素的含义

会计要素是对会计对象所做的基本分类,是会计核算对象的具体化,是会计用于反映会计主体财务状况,确定经营成果的基本单位。我国《企业会计准则——基本准则》将其划分为六大会计要素,即资产、负债、所有者权益、收入、费用和利润。前三个要素反映企业的财务状况,后三个要素反映企业的经营成果。如图 2-1 所示。

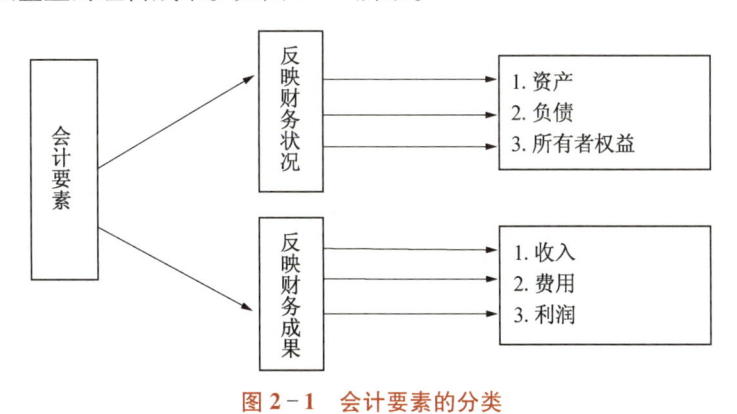

```
              ┌─ 反映财务状况 ─┬─ 1. 资产
              │                ├─ 2. 负债
会计要素 ─────┤                └─ 3. 所有者权益
              │
              └─ 反映财务成果 ─┬─ 1. 收入
                                ├─ 2. 费用
                                └─ 3. 利润
```

图 2-1　会计要素的分类

(二) 会计要素的内容

1. 资产

资产是企业过去的交易或者事项形成的,由企业拥有或者控制的,预期会给企业带来经济利益的资源。

会计要素——资产、负债、所有者权益

· 19 ·

1）资产的特征

（1）过去的交易和事项形成的。只有过去的交易或事项才能产生资产,预期在未来发生的交易或者事项不形成资产。

（2）必须由企业拥有或者控制的资源。资产作为一项资源,应当指企业享有某项资源的所有权,或者虽然不享有某项资源的所有权,但该资源能被企业所控制。

（3）预期会给企业带来经济利益。这是指资产具有直接或间接导致现金或现金等价物流入企业的潜力。这种潜力可以来自企业日常的生产经营活动,也可以是非日常活动带来的经济利益;可以是现金或者现金等价物,也可以是可以转化为现金或者现金等价物的形式。

（4）可以用货币来计量。资产作为一种经济资源,其价值必须是可以用货币来可靠地计量的。企业的人力资源能为未来带来经济利益,但是目前情况下,人力资源还不能用货币来计量,因此,人力资源不能作为企业资产入账。

2）资产的确认条件

将一项资产确认为资产,需要满足资产定义的同时满足以下两个条件：

（1）与该项目有关的经济利益很可能流入企业；

（2）该项目的成本或价值能够可靠地计量。

3）资产的分类

资产按流动性的不同可划分为流动资产和非流动资产。

流动资产是指预计在一个正常营业周期中变现、出售或耗用,或者主要为交易目的而持有,或者预计在资产负债表日起一年内(含一年)变现的资产,以及自资产负债表日起一年内,交换其他资产或清偿负债的能力不受限制的现金或现金等价物等资产。主要包括货币资金、交易性金融资产、应收票据、应收账款、预付账款、应收股利、其他应收款、原材料、库存商品等。

非流动资产是指流动资产以外的资产,主要包括长期投资、固定资产、无形资产、长期待摊费用、其他长期资产等。

（1）长期投资,除短期投资以外的投资,包括投资期限超过一年的各种权益性投资、不能变现或不准备随时变现的债券、其他长期投资等。

（2）固定资产,指为生产产品、提供劳务、出租或经营管理而持有的使用寿命超过一个会计年度的有形资产,包括房屋及建筑物、机器设备、运输设备、工具器具等。

（3）无形资产,指企业拥有或控制的没有实物形态的可辨认非货币性资产,包括专利权、商标权、专有技术、著作权、土地使用权等。

（4）其他长期资产,指企业已经支出,不能全部计入当年损益,摊销期限在一年以上(不含一年)的各项费用,如长期待摊费用等。

资产的构成,如图2-2所示。

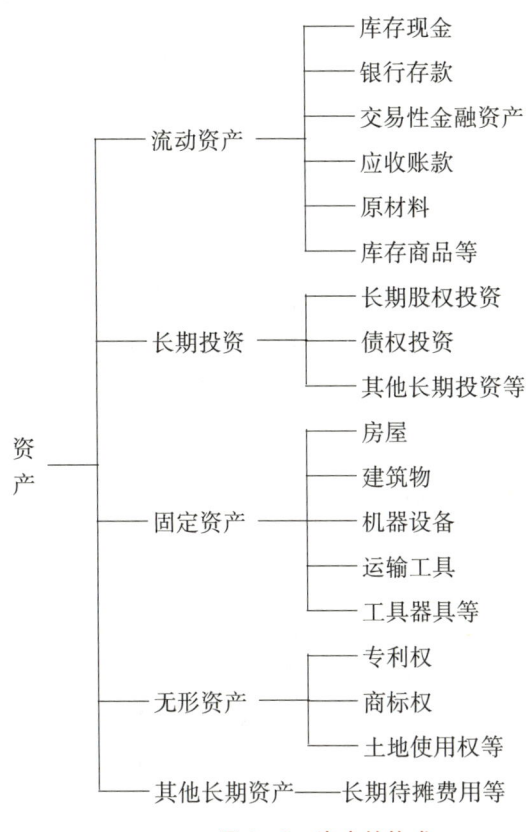

```
                    ┌─ 库存现金
                    ├─ 银行存款
        ┌─ 流动资产 ─┼─ 交易性金融资产
        │           ├─ 应收账款
        │           ├─ 原材料
        │           └─ 库存商品等
        │
        │           ┌─ 长期股权投资
        ├─ 长期投资 ─┼─ 债权投资
        │           └─ 其他长期投资等
        │
资 产 ──┤           ┌─ 房屋
        │           ├─ 建筑物
        ├─ 固定资产 ─┼─ 机器设备
        │           ├─ 运输工具
        │           └─ 工具器具等
        │
        │           ┌─ 专利权
        ├─ 无形资产 ─┼─ 商标权
        │           └─ 土地使用权等
        │
        └─ 其他长期资产 ── 长期待摊费用等
```

图 2-2 资产的构成

2. 负债

负债是指企业过去的交易或者事项形成的,预期会导致经济利益流出企业的现时义务。

1) 负债的特征

(1) 由过去的交易和事项形成的现时义务。只有过去已完成的交易或者事项才能形成负债。企业承诺、签订的合同等在未来发生的交易或者事项,不能形成负债。

(2) 负债是企业承担的现时义务。现时义务是指企业在现行条件下已承担的义务;未来发生的交易或者事项形成的义务,不属于现时义务,不应当确认为负债。

(3) 负债的履行会导致经济利益的流出。企业履行义务是以牺牲企业经济利益为代价的。在履行现时义务清偿负债时,导致经济利益流出企业的形式多种多样。例如,以现金方式偿还,以实物形式进行偿还,以提供劳务形式偿还等等。

2) 负债的确认条件

将一项现时义务确认为负责,需要符合负债定义的同时,应同时满足以下条件:

(1) 与该项目有关的经济利益很可能流出企业;

(2) 未来经济利益的流出能够可靠地计量。

3) 负债的分类

负债按其流动性可分为流动负债和长期负债两大类,如图 2-3 所示。

```
                    ┌─ 短期借款
                    ├─ 应付票据
                    ├─ 应付账款
                    ├─ 预收账款
             ┌─流动负债─┼─ 应付职工薪酬
             │      ├─ 应交税费
             │      ├─ 应付利息
             │      ├─ 应付股利
    负债 ────┤      └─ 其他应付款等
             │      ┌─ 长期借款
             │      ├─ 应付债券
             └─长期负债─┼─ 长期应付款
                    └─ 预计负债等
```

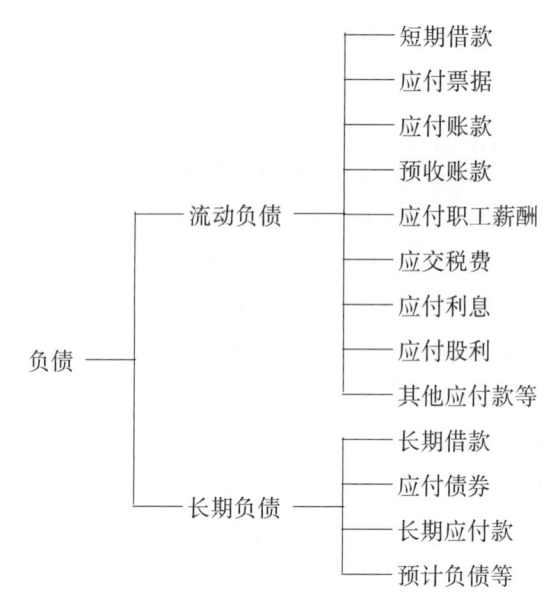

图2-3　负债的构成

流动负债是指预计在一个正常营业周期中偿还,或者主要为交易目的而持有,或者自资产负债表日起一年内(含一年)到期应予以清偿,或者企业无权自主地将清偿推迟至资产负债表日后一年以上的负债。主要包括短期借款、应付票据、应付账款、预收账款、应付职工薪酬、应交税费、应付利息、应付股利、其他应付款等。

长期负债是指流动负债以外的负债。主要包括长期借款、应付债券、长期应付款、预计负债等。

3. 所有者权益

所有者权益是指企业资产扣除负债后,由所有者享有的剩余权益。公司的所有者权益又称为股东权益。

1) 所有者权益的特征

(1) 企业不需要偿还所有者权益,除非企业减资、清算。

(2) 企业破产清算时,先偿还负债,后归还所有者权益。

(3) 所有者可以参与利润的分配。

2) 所有者权益的构成

所有者权益的构成,如图2-4所示。

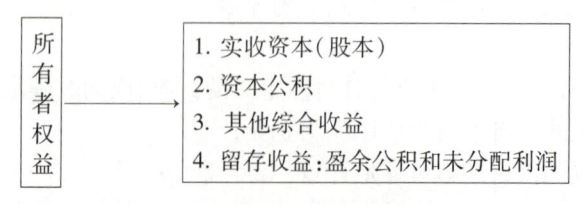

```
             ┌─ 1. 实收资本(股本)
  所有者权益 ──┼─ 2. 资本公积
             ├─ 3. 其他综合收益
             └─ 4. 留存收益:盈余公积和未分配利润
```

图2-4　所有者权益的构成

(1) 实收资本,指所有者投入到企业中的资本,它构成企业注册资本或股本的金额。

(2) 资本公积,包括资本溢价(或股本溢价)和其他资本公积。所有者投入的资本超过注册资本或股本部分的金额,即资本溢价或股本溢价。

(3) 其他综合收益,企业根据企业会计准则规定未在损益中确认的各项利得和损失。其中,利得是指由企业非日常活动所形成的、会导致所有者权益增加的、与所有者投入资本无关的经济利益的流入。损失是指由企业非日常活动所发生的、会导致所有者权益减少的、与向所有者分配利润无关的经济利益流出。

(4) 留存收益,是指企业生产经营所获得的净利润,历年累积起来留存在企业的部分,包括盈余公积和未分配利润。

4. 收入

收入是企业在日常活动中形成的、会导致所有者权益增加的、与所有者投入资本无关的经济利益的总流入。

1) 收入的特征

(1) 收入是企业日常经营活动中形成的。所谓日常活动是指企业为完成其经营目标所从事的经常性活动以及与之相关的活动。不同行业表现的形式不同,如工业企业制造产品并销售产品,保险公司签发保单,租赁公司出租资产,物流公司提供的运输服务等等。

(2) 收入会导致经济利益的流入。表现为资产的增加或负债的减少,或两者兼而有之。

(3) 收入最终会导致所有者权益的增加。

2) 收入的确认条件

当企业与客户之间的合同同时满足下列条件时,企业应当在客户取得相关商品控制权时确认收入:

(1) 合同各方已批准该合同并承诺将履行各自义务;

(2) 该合同明确了合同各方与所转让商品或提供劳务相关的权利和义务;

(3) 该合同有明确的与所转让商品或提供劳务相关的支付条款;

(4) 该合同具有商业实质,即履行该合同将改变企业未来现金流量的风险、时间分布或金额;

(5) 企业因向客户转让商品或提供劳务而有权取得的对价很可能收回。

3) 收入的分类

收入的分类,如图 2-5 所示。

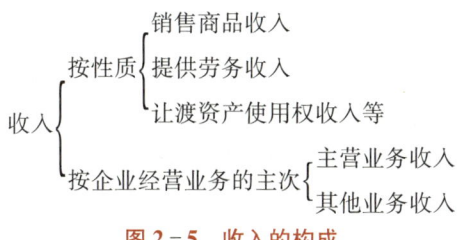

图 2-5 收入的构成

(1) 收入按其性质可分为销售商品收入、提供劳务收入和让渡资产使用权收入等。

销售商品收入,指企业出售商品而获得的收入。

提供劳务收入,指企业提供劳务而获得的收入。

让渡资产使用权收入,指通过提供他人使用本企业资产而获得的收入,包括利息收入、使用费收入。

(2)收入按企业经营业务的主次可分为主营业务收入和其他业务收入。

主营业务收入,指企业日常活动中主要经营活动获得的收入,通常可以通过营业执照上注明的主营业务范围来确定。

其他业务收入,指除主营业务以外其他经营活动获得的收入。

5. 费用

费用是企业在日常活动中发生的、会导致所有者权益减少的、与向所有者分配利润无关的经济利益的总流出。

1)费用的特征

(1)费用是企业在日常活动中形成的。因日常活动所产生的费用通常包括销售成本、职工薪酬、折旧费、无形资产摊销等。

(2)费用是与向所有者分配利润无关的经济利益的总流出。费用的发生应当会导致经济利益的流出,从而导致资产的减少或者负债的增加(最终也会导致资产的减少)。其表现形式包括现金或者现金等价物的流出,存货、固定资产和无形资产等的流出或者消耗等。

(3)费用最终会导致所有者权益的减少。

2)费用的确认条件

(1)与费用相关的经济利益应当很可能流出企业;

(2)经济利益流出企业会导致资产的减少或者负债的增加;

(3)经济利益的流出额能够可靠地计量。

3)费用的分类

费用按经济用途分类分为计入产品成本的生产费用和直接计入当期损益的期间费用两类。计入产品成本的生产费用包括直接材料、直接人工和制造费用。直接计入当期损益的期间费用包括管理费用、销售费用和财务费用。如图2-6所示。

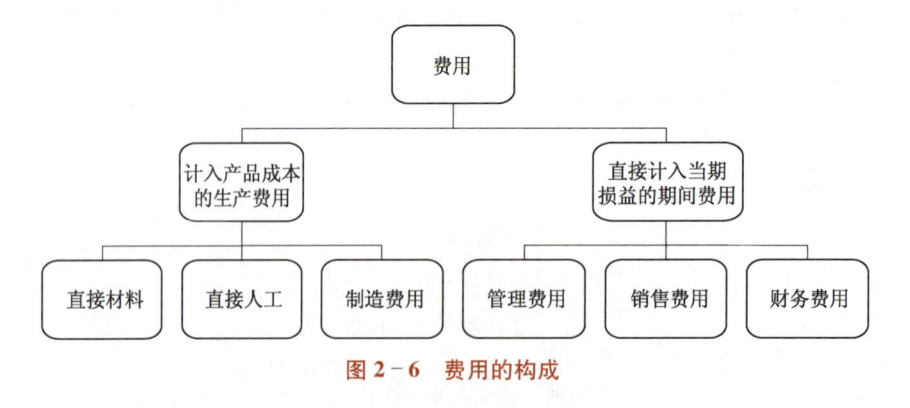

图2-6 费用的构成

6. 利润

利润是指企业在一定会计期间的经营成果。利润包括收入减去费用后的净额、直接计入当期利润的利得和损失等。利润的构成有三个层次:营业利润、利润总额、净利润。

营业利润＝营业收入-营业成本-税金及附加-销售费用-管理费用-研发费用-财务费用+其他收益+投资收益(或-投资损失)+净敞口套期收益(或-净敞口套期损失)+公允价值变动收益(或-公允价值变动损失)-信用减值损失-资产减值损失+资产处置收益(或-资产处置损失)

式中,营业收入＝主营业务收入+其他业务收入;营业成本＝主营业务成本+其他业务成本。

利润总额＝营业利润+营业外收入-营业外支出

净利润＝利润总额-所得税费用

二、会计等式及经济业务的发生对其影响

（一）会计等式

各项会计要素之间存在着一定的数量关系,会计等式就是表明各会计要素之间基本关系的恒等式,也称会计平衡公式。

1. 资产＝负债+所有者权益

任何企业不论其经营规模大小,都必须要有一定数量可以支配和运用的经济资源,即资产。这些经济资源的提供者在把资产提供给企业使用时,就对企业的资产享有一定的要求权,这种要求权在会计上叫作权益。资产和权益是同一资源的两个不同的方面。从数量上看,有一定数额的资产,就必然有一定数额的权益;反之,有一定数额的权益,就必然有一定数额的资产与它相对应。资产与权益存在着必然相等的关系。用公式表示：

资产＝权益

权益有投资者权益和债权人权益。投资者权益即所有者权益,债权人权益在会计上叫负债。因此,上述会计等式可以表示如下：

资产＝负债+所有者权益

这一会计等式反映了企业在某一特定日期(如月末、季末、年末)的财务状况,是静态会计等式。它是复式记账和编制资产负债表的理论依据。

2. 收入-费用＝利润

企业通过对资产的使用、周转、出售获取收入,实现盈利。与此同时,企业也必然要发生相应的经济利益的流出,即费用。收入与费用之间的差额即为企业实现的利润总额。用公式表示：

收入-费用＝利润

这一等式是动态会计等式,表明了经营成果与相应期间的收入和费用的关系。它是编制利润表的理论依据。

3. 资产＝负债+所有者权益+(收入-费用)

企业实现的利润应该归属于企业投资者,使所有者权益增加,同时资产也等额增加,如果企业发生亏损,也应该由企业投资者承担,使所有者权益减少,同时资产也等额减少。

由此会计等式可以扩展为：

资产＝负债+所有者权益+(收入-费用)

这一等式表明,企业的财务状况与经营成果之间的相互联系,企业的经营成果最终会影响到企业的财务状况。这一等式反映了企业六大会计要素之间的关系。

(二) 经济业务的发生对会计等式的影响

【例 2-1】 假设某公司在 2023 年 4 月 1 日期初资产总额 1 500 000 元,负债总额 600 000 元,所有者权益总额 900 000 元。该公司 4 月份发生以下经济业务:

会计平衡公式的应用

(1) 3 日,收到某单位投资 600 000 元,款项存入银行。

分析:

这项经济业务的发生,使银行存款增加了 600 000 元,实收资本增加了 600 000 元,银行存款属于资产,实收资本属于所有者权益。因此,这项经济业务的发生引起资产和权益同时增加,不会破坏会计等式的平衡关系。

资产	=	负债	+	所有者权益
1 500 000	=	600 000	+	900 000
+ 600 000				+ 600 000
2 100 000	=	600 000	+	1 500 000

(2) 4 日,用银行存款归还短期借款 100 000 元。

分析:

这项经济业务的发生,使银行存款减少 100 000 元,短期借款减少 100 000 元,银行存款属于资产,短期借款属于负债。因此,这项经济业务的发生引起资产和权益同时等额减少,不会破坏会计等式的平衡关系。

资产	=	负债	+	所有者权益
2 100 000	=	600 000	+	1 500 000
− 100 000		− 100 000		
2 000 000	=	500 000	+	1 500 000

(3) 10 日,用银行存款 90 000 元购进小轿车一部,交由有关部门使用。

分析:

这项经济业务的发生,使公司的固定资产增加了 90 000 元,同时银行存款也减少了 90 000 元。因此,这项经济业务的发生引起资产内部有增有减,但资产总额未改变,不会破坏会计等式的平衡关系。

资产	=	负债	+	所有者权益
2 000 000	=	500 000	+	1 500 000
− 90 000				
+ 90 000				
2 000 000	=	500 000	+	1 500 000

（4）从银行借入短期借款 20 000 元，归还前欠货款。

分析：

这项经济业务的发生，使短期借款增加了 20 000 元，应付账款减少了 20 000 元，短期借款和应付账款都属于负债。因此，这项业务的发生引起权益内部有增有减，但权益总额未改变，不会破坏会计等式的平衡关系。

资产	=	负债	+	所有者权益
2 000 000	=	500 000	+	1 500 000
		+ 20 000		
		− 20 000		
2 000 000	=	500 000	+	1 500 000

（5）30 日，经批准，将资本公积 40 000 元转增实收资本。

分析：

这项经济业务的发生，使资本公积减少了 40 000 元，实收资本增加了 40 000 元，资本公积和实收资本都属于所有者权益。因此，这项业务的发生引起权益内部有增有减，但权益总额未改变，不会破坏会计等式的平衡关系。

资产	=	负债	+	所有者权益
2 000 000	=	500 000	+	1 500 000
				− 40 000
				+ 40 000
2 000 000	=	500 000	+	1 500 000

（6）30 日，应付给投资者利润 60 000 元。

分析：

这项经济业务的发生，使所有者权益中的"未分配利润"减少 60 000 元，负债中的"应付股利"增加 60 000 元。因此，这项业务的发生引起权益内部有增有减，但权益总额未改变，不会破坏会计等式的平衡关系。

资产	=	负债	+	所有者权益
2 000 000	=	500 000	+	1 500 000
		+ 60 000		− 60 000
2 000 000	=	560 000	+	1 440 000

（7）30 日，从银行取得短期借款 200 000 元，存入银行。

分析：

这项经济业务的发生，使银行存款增加 200 000 元，短期借款增加 200 000 元，银行存款属于资产，短期借款属于负债。因此，这项经济业务的发生引起资产和权益同时等额增加，不会破坏会计等式的平衡关系。

资产	=	负债	+	所有者权益
2 000 000	=	560 000	+	1 440 000
+ 200 000		+ 200 000		
2 200 000	=	760 000	+	1 440 000

(8) 30 日，因公司要缩小规模，经批准，用银行存款归还投资者投资款 300 000 元。

分析：

这项经济业务的发生，使银行存款减少了 300 000 元，实收资本减少了 300 000 元，银行存款属于资产，实收资本属于所有者权益。因此，这项经济业务的发生引起资产和权益同时等额减少，不会破坏会计等式的平衡关系。

资产	=	负债	+	所有者权益
2 200 000	=	760 000	+	1 440 000
− 300 000				− 300 000
1 900 000	=	760 000	+	1 140 000

(9) 30 日，经协商，将本公司前欠的货款 80 000 元转作对方对本公司的投资。

分析：

这项经济业务的发生，使应付账款减少了 80 000 元，实收资本增加了 80 000 元，应付账款属于负债，实收资本属于所有者权益。因此，这项经济业务的发生引起权益内部有增有减，但权益总额未改变，不会破坏会计等式的平衡关系。

资产	=	负债	+	所有者权益
1 900 000	=	760 000	+	1 140 000
		− 80 000		+ 80 000
1 900 000	=	680 000	+	1 220 000

由［例 2－1］可知，经济业务的发生，会引起有关会计要素发生增减变动，但这些变化最终都不会破坏会计等式的平衡关系。

经济业务的变化，引起有关会计要素的变动，归纳起来可以分为四种类型（见图 2－7）九种情况：

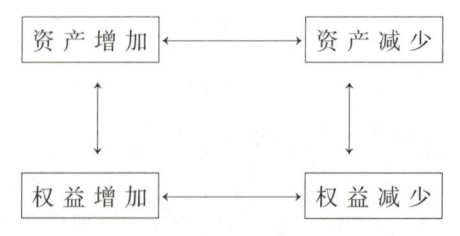

```
┌─────────┐        ┌─────────┐
│ 资产增加 │◄──────►│ 资产减少 │
└─────────┘        └─────────┘
     ▲                  
     │                  
     ▼                  
┌─────────┐        ┌─────────┐
│ 权益增加 │◄──────►│ 权益减少 │
└─────────┘        └─────────┘
```

图 2－7　经济业务的四种类型

(1) 资产和权益同时增加：

① 资产和负债同时增加；

② 资产和所有者权益同时增加。

(2) 资产和权益同时减少：

① 资产和负债同时减少；

② 资产和所有者权益减少。

(3) 资产之间有增有减。

(4) 权益之间有增有减：

① 负债之间有增有减；

② 所有者权益之间有增有减；

③ 负债增加，所有者权益减少；

④ 负债减少，所有者权益增加。

【案例 2-1】 王明和何风做好会计记录的第一个任务是确认本企业的各项会计要素，并分析其增减变化。

分析：

(1) 宜家家具厂的起始资金：500 000 元。涉及的要素有所有者权益 500 000 元，资产 500 000 元。

(2) 宜家家具厂会计等式：资产 500 000 元＝所有者权益 500 000 元。

(3) 宜家家具厂发生的经济业务涉及以下会计要素及变化：

① 第一笔经济业务发生涉及一项资产增加 20 000 元，另一项资产减少 20 000 元。

② 第二笔经济业务发生只涉及购销双方意向，并没发生实质性的业务。对会计要素没有影响。

③ 第三笔经济业务发生涉及一项资产增加 20 000 元，另一项资产减少 20 000 元。

④ 第四笔经济业务销售产品，取得收入，涉及收入增加 8 000 元，资产增加 8 000 元。

⑤ 第五笔经济业务发生涉及负债减少 10 000 元，资产减少 10 000 元。

(4) 宜家家具厂本月末各会计要素结果如下：

资产(498 000 元)＝ 负债(-10 000 元)＋ 所有者权益(500 000 元)＋收入(8 000 元)

宜家家具厂的会计要素之间仍存在平衡关系。

(5) 宜家家具厂的各会计要素在数据上发生了变化，但并未破坏会计等式的平衡关系。

任务二　会计科目与账户

一、会计科目

(一) 会计科目的概念

经济业务的发生，会引起各项会计要素的增减变动，而企业的经济业务错综复杂，即使涉及同一项会计要素，也往往具有不同的性质和内容。为了系统地记录和反映所发生的经济业务，有必要对会计要素做进一步的分类。会计科目是对会计要素的具体内容进行分类核算的项目。例如，把存放在银行里的钱叫作银行存款，把放在仓库可以随时出售的产品叫作库存商品。

(二) 会计科目的分类

1. 按会计科目反映的经济内容分类

按会计科目反映的经济内容，可将会计科目分为六大类，分别为资产类、负债类、共同类、所有者权益类、成本类和损益类。根据我国《企业会计准则应用指南》，企业使用的主要会计科目如表2-1所示。

表2-1　常用会计科目表

顺序号	编号	会计科目名称	顺序号	编号	会计科目名称
		一、资产类	15	1403	原材料
1	1001	库存现金	16	1404	材料成本差异
2	1002	银行存款	17	1406	库存商品
3	1015	其他货币资金	18	1407	发出商品
4	1101	交易性金融资产	19	1410	商品进销差价
5	1121	应收票据	20	1411	委托加工物资
6	1122	应收账款	21	1412	周转材料
7	1123	预付账款	22	1461	存货跌价准备
8	1131	应收股利	23	1505	债权投资
9	1132	应收利息	24	1507	其他债权投资
10	1231	其他应收款	25	1522	其他债权投资减值准备
11	1241	坏账准备	26	1524	长期股权投资
12	1321	代理业务资产	27	1525	长期股权投资减值准备
13	1401	材料采购	28	1526	投资性房地产
14	1402	在途物资	29	1531	长期应收款

续 表

顺序号	编 号	会计科目名称	顺序号	编 号	会计科目名称
30	1541	未实现融资收益		三、共同类	
31	1601	固定资产	63	3101	衍生工具
32	1602	累计折旧	64	3201	套期工具
33	1603	固定资产减值准备	65	3202	被套期项目
34	1604	在建工程		四、所有者权益类	
35	1605	工程物资	66	4001	实收资本
36	1606	固定资产清理	67	4002	资本公积
37	1701	无形资产	68	4003	其他综合收益
38	1702	累计摊销	69	4101	盈余公积
39	1703	无形资产减值准备	70	4103	本年利润
40	1711	商誉	71	4104	利润分配
41	1801	长期待摊费用	72	4201	库存股
42	1811	递延所得税资产		五、成本类	
43	1901	待处理财产损溢	73	5001	生产成本
	二、负债类		74	5101	制造费用
44	2001	短期借款	75	5201	劳务成本
45	2101	交易性金融负债	76	5301	研发支出
46	2201	应付票据		六、损益类	
47	2202	应付账款	77	6001	主营业务收入
48	2205	预收账款	78	6051	其他业务收入
49	2211	应付职工薪酬	79	6101	公允价值变动损益
50	2221	应交税费	80	6111	投资收益
51	2231	应付股利	81	6301	营业外收入
52	2232	应付利息	82	6401	主营业务成本
53	2241	其他应付款	83	6402	其他业务成本
54	2314	代理业务负债	84	6405	税金及附加
55	2501	递延收益	85	6601	销售费用
56	2601	长期借款	86	6602	管理费用
57	2602	应付债券	87	6603	财务费用
58	2701	长期应付款	88	6701	资产减值损失
59	2702	未确认融资费用	89	6702	信用减值损失
60	2711	专项应付款	90	6711	营业外支出
61	2801	预计负债	91	6801	所得税费用
62	2901	递延所得税负债	92	6901	以前年度损益调整

2. 按会计科目提供信息的详细程度及其统驭分类

为了满足企业经营管理的不同需要,会计核算必须提供各种详细、综合程度不同的信息和资料,既要提供反映总括情况的信息,又要提供反映详细情况的信息。会计科目按反映信息的详细程度,分为总分类科目和明细分类科目。

(1) 总分类科目,又称一级科目、总账科目。它是对会计对象的具体内容进行总括分类的科目。这类科目分类提供具体内容的总括信息,如"库存现金""原材料""生产成本"等。

(2) 明细分类科目,简称明细科目、细目。它是对总分类科目所属经济内容进行详细分类的科目。它能够提供比较详细的信息。如"原材料"总分类科目下按照材料的品种和规格设置的"甲材料""乙材料"即为明细科目,有些企业为适应管理和核算需要,还在总分类科目和明细分类科目"甲材料"之间增设"原料及主要材料""辅助材料"等二级科目,如表2-2所示。

表2-2 会计科目的级次关系

总分类科目 (一级科目)	明细分类科目	
	子目(二级科目)	细目(三级科目)
原材料	原料及主要材料	甲材料
		乙材料
	辅助材料	轴承油
		铜丝网

知识链接2-1

会计科目设置的原则

为了统一财务会计报告,增强会计信息的可比性,《企业会计准则应用指南》规定了企业常用的会计科目,这些科目都属于总分类科目。根据应用指南的规定,企业在不违反会计准则中确认、计量和报告规定的前提下,可以根据本单位的实际情况自行增设、分拆、合并会计科目。企业不存在的交易或者事项,可不设置相关会计科目。对于明细科目,企业可以比照应用指南附录中的规定根据实际需要自行设置。会计科目编号是供企业填制会计凭证、登记会计账簿、查阅会计账目、采用会计软件系统做参考,企业可结合实际情况自行确定会计科目编号。

设置会计科目应当遵循合法性原则、相关性原则、实用性原则。合法性原则,指所设置的会计科目应当符合国家统一的会计制度的规定。相关性原则,指所设置的会计科目应为提供有关各方所需要的会计信息服务,满足对外报告与对内管理的要求。实用性原则,指所设置的会计科目应符合单位自身特点,满足单位实际需要。

二、账户

(一) 设置账户的意义

会计科目只是对会计要素的分类结果设定了一个法定名称,要把发生的经济业务引起的各项会计要素增减变动情况和变动的结果进行系统、完整、连续地记录下来,还需借助于一定的载体——账户。账户是依据会计科目开设、具有一定的格式和结构,用来分类核算会计要素增减变动及其结果的载体。设置账户是会计核算的一种专门方法。

知识链接2-2

会计科目与账户的关系

会计科目与账户是两个既相区别、又相联系的不同概念。

它们的联系是:会计科目是设置账户的依据,是账户的名称,账户是会计科目的具体运用,会计科目的经济内容、性质、分类,决定了账户的经济内容、性质、分类。它们都要对经济业务进行分类,都说明一定经济业务内容。

它们的区别是:会计科目只是对会计对象具体内容所做的分类,没有格式和结构;而账户有一定的格式和结构,能反映经济业务的增减变化情况。

(二) 账户的基本结构

企业的经济业务复杂繁多,从数量变化来看,不外乎是增加和减少。因此,用来记录经济业务的账户,在结构上也相应地划分为左方和右方两个方向,一方登记增加,一方登记减少。

一般来说,账户的结构还应包括以下内容,如表2-3所示。

(1) 账户的名称;
(2) 凭证号数;
(3) 日期和摘要;
(4) 增加或减少的金额;
(5) 结存余额。

为了说明上的方便,通常用"T"型账户或"丁"字形账户来替代现实生活中真实账簿格式(见表2-3),重点突出账户的结构,简化其他栏次,如图2-8所示。

表2-3 账户名称(会计科目)

年		凭证号数		摘 要	对应科目	借 方	贷 方	余 额
月	日	字	号					

左　　　账户名称　　　右

图2-8 账户的基本结构

账户记录的数据有:期初余额、本期增加额、本期减少额及期末余额。本期增加额和减少额是指在一定的会计期间内(月、季或年)增加金额的合计数和减少金额的合计数,又可以将其称为本期增加的发生额和本期减少的发生额。

上述四项金额的关系可以用下列公式来表示:

$$本期期末余额＝本期期初余额＋本期增加发生额－本期减少发生额$$

在具体的账户中,至于左右两方哪一方记录增加额,哪一方记录减少额,主要取决于账户记录的经济内容(即账户的性质)。账户的余额一般与记录的增加额在同一方向。

(三) 账户的分类

1. 账户按经济内容分类

根据账户所反映的经济内容,账户分为资产类账户、负债类账户、共同类账户、所有者权益类账户、成本类账户和损益类账户六类。

1) 资产类账户

资产类账户,是用来核算和监督各种资产(包括各种财产、债权和其他权利)增减变动和结果的账户,如"库存现金""周转材料""应收账款""工程物资""预付账款"等账户。

2) 负债类账户

负债类账户,是用来核算和监督各种负债的增减变动及其结果的账户,如"长期借款""应付职工薪酬""预收账款"等账户。

3) 共同类账户

共同类账户,是用来反映企业共同类增减变动及其结存情况的账户,如"衍生工具""套期工具""套期项目"等账户。

4) 所有者权益类账户

所有者权益类账户,是用来核算和监督所有者权益增减变动及其结果的账户,如"实收资本""资本公积""库存股"等账户。

5) 成本类账户

成本类账户,是反映企业为生产产品、提供劳务等而发生的经济利益流出的账户,它针对一定的成本计算对象,表明了由此而发生的企业资源的耗费。如"生产成本""制造费用""劳务成本""研发支出"等账户均属成本类账户。

6) 损益类账户

损益类账户,是指某一会计期间的一切经营活动和非经营活动的所有损益内容,其在一定时期的发生额合计要在当期期末结转到"本年利润"账户,用以计算确定一定时期内损益。主要包括收入和费用两类账户。收入类账户,如"主营业务收入""其他业务收入";费用类账户,如"主营业务成本""销售费用""税金及附加"等账户。

2. 账户按提供信息的详细程度及其统驭关系分类

账户按提供信息的详细程度及其统驭关系,分为总分类账户和明细分类账户。

1) 总分类账户

总分类账户是对企业经济活动的具体内容进行总括核算的账户,它能够提供某一具体内容的总括核算信息。如"原材料""应收账款"等账户均为总分类账户,也称一级账户。总分类账户只能用货币计量。在我国,为了保证会计核算指标口径一致,并具有可比性,总分类账户的名称、核算内容及使用方法通常是统一制定的。每个企业都在根据本企业经济业务的特点和统一制定的账户名称,设置若干个总分类账户。

2) 明细分类账户

明细分类账户是对企业所属经济业务进行明细核算的账户,它能够提供某一具体经济业务的明细核算信息。明细分类账户除了用货币计量外,有些账户还要用实物计量(件、台、千克等)。

以上两者账户的关系是:总分类账户对所属明细分类账户起着统驭、控制的作用,明细分类账户对总分类账户起着补充说明的作用。在实际工作中,除少数总分类账户不必设置明细账户外,大多数总分类账户都须设置明细分类账户。

【案例2-2】 王明和何凤做好会计记录的第二个任务是确认企业发生的经济业务涉及哪些会计科目,如何设置核算账户。

分析:

宜家家具厂发生的业务涉及"实收资本""固定资产""原材料""库存现金""主营业务收入""应付职工薪酬""银行存款""库存商品"等会计科目。

据此设置相关账户如下:

(1)总分类账户。暂时先设置"实收资本""固定资产""原材料""库存现金""主营业务收入""应付职工薪酬""银行存款""库存商品"总分类账户。如果以后发生新业务,涉及新的核算内容再设置新的账户。

(2)明细分类账户。根据宜家家具厂的实际情况,可以开设现金日记账、银行存款日记账、应付账款明细分类账户、库存商品明细分类账户、原材料明细分类账户。

任务三　复式记账与借贷记账法

一、复式记账法

为了对会计要素进行核算与监督,在按一定原则设置会计科目,并按会计科目开设了账户之后,就需要采用一定的记账方法将会计要素的增减变动登记在账户中。

记账方法是指根据一定的原理,运用一定的记账符号和记账规则来记录经济业务的方法。它有两种:单式记账法和复式记账法。

（一）单式记账法

单式记账法是将每项经济业务只在一个账户中进行登记的方法。它是一种比较简单的不完善的记账方法,一般只登记现金、银行存款的收付业务和各项应收、应付的往来账项,而不登记实物的收付业务。

单式记账法的优点是:记账手续比较简单。

单式记账法的缺点是:

(1) 账户的设置是不完整的,没有完整的账户体系。

(2) 各个账户之间互不联系,无法全面反映各项经济业务的来龙去脉。

(3) 不能正确核算成本和盈亏,更不便于通过试算平衡的方法检查账户记录的正确性。

因此,这种记账方法只适用于经济业务非常简单的单位。目前已很少使用。

（二）复式记账法

复式记账法是指对发生的每一笔经济业务,同时在两个或两个以上相互联系的账户中以相等金额进行登记的一种记账方法。

与单式记账法相比较,复式记账法的优点主要表现在:

(1) 有完整的账户体系。复式记账法是一种科学的记账方法,对会计主体发生的全部经济业务进行全面、连续、系统地记录。

(2) 对每笔经济业务,都要在两个或两个以上的账户中进行相互联系的记录,因此,通过账户记录可以全面、系统地反映经济活动的过程和结果,反映资金运动的来龙去脉。

(3) 由于每项经济业务发生后,都以相等的金额在有关账户中进行记录,因而可以通过试算平衡的方法,检查账簿记录是否正确。

正因为具备上述优点,复式记账法被公认为是一种科学的记账方法。

复式记账法按其记账符号的不同,分为借贷记账法、增减记账法和收付记账法。2006 年颁布的《企业会计准则——基本准则》规定,我国企业应当采用借贷记账法记账。

二、借贷记账法

借贷记账法是以"借""贷"作为记账符号,以"有借有贷,借贷必相等"为记账规则,记录经济业务的增减变动及其结果的一种记账方法。它最早起源于西方资本主义商品经济发展较早的意大利,是为适应 13 世纪商业资本和借贷资本

借贷记账法及其运用

经营管理的需要而产生的。

(一) 记账符号

借贷记账法以"借""贷"作为记账符号,反映经济业务的增减变化。"借""贷"在这里只是纯粹的记账符号,既不能按其本来的含义去理解,也不能直接当作增加或减少。它只是表示对每一会计事项应该记入的账户方向。

(二) 账户结构

在借贷记账法下,所有账户都分为借方和贷方两个基本部分,通常左方为借方,右方为贷方,哪一方记增加,哪一方记减少,要根据账户反映的经济内容即账户的性质来决定。

1. 资产类账户的结构

资产类账户的结构是:借方登记资产的增加额,贷方登记资产的减少额;余额一般在增加的一方,即借方。资产类账户的期末余额可以用下列公式表示:

$$期末借方余额 = 期初借方余额 + 本期借方发生额 - 本期贷方发生额$$

资产类账户的基本结构如图 2-9 所示。

借	资产类账户	贷
期初余额 ×××		
本期增加数 ×××		本期减少数 ×××
……		……
本期发生额 ×××		本期发生额 ×××
期末余额 ×××		

图 2-9 资产类账户的基本结构

现以"银行存款"账户为例,说明资产账户的登记方法。如表 2-4 所示。

表 2-4 银行存款的登记方法

账户名称:银行存款　　　　　　　　　　　　　　　　　　单位:元

2023 年		凭证号	摘 要	借 方	贷 方	借或贷	余 额
月	日						
3	1		期初余额			借	300 000
	6	略	收入	60 000		借	360 000
	10		支出		30 000	借	330 000
	15		收入	20 000		借	350 000
	20		支出		90 000	借	260 000
	31		本月合计	80 000	120 000	借	260 000

用"T"型账户登记如下,如图 2-10 所示。

借	银行存款	贷
期初余额　300 000		
①　　　　60 000	②　　　30 000	
③　　　　20 000	④　　　90 000	
本期发生额 80 000	本期发生额 120 000	
期末余额　260 000		

图 2-10　登记"银行存款"账户

2. 负债及所有者权益类账户的结构

负债及所有者权益在会计等式中处在等号的右边,与资产方向恰恰相反。因此,负债及所有者权益类账户结构与资产类账户正好相反,贷方登记负债及所有者权益的增加额,借方登记负债及所有者权益的减少额;余额通常在增加方,因此负债及所有者权益类账户的期末余额在贷方。负债及所有者权益类账户的期末余额可以用下列公式表示:

期末贷方余额＝期初贷方余额＋本期贷方发生额－本期借方发生额

负债及所有者权益类账户的基本结构如图 2-11 所示。

借	负债及所有者权益类账户	贷
	期初余额 ×××	
本期减少数 ×××	本期增加数 ×××	
……	……	
本期发生额 ×××	本期发生额 ×××	
	期末余额 ×××	

图 2-11　负债及所有者权益类账户的基本结构

现以负债类账户"应付账款"账户为例,说明负债和所有者权益的登记方法,如表 2-5 所示。

表 2-5　应付账款的登记方法

账户名称:应付账款　　　　　　　　　　　　　　　　　　　　　单位:元

2023年		凭证号	摘　要	借　方	贷　方	借或贷	余　额
月	日						
7	1		期初余额			贷	60 000
	4	略	购料欠款		10 000	贷	70 000
	10		归还欠款	30 000		贷	40 000
	20		购料欠款		20 000	贷	60 000
	28		归还欠款	30 000		贷	30 000
	30		本月合计	60 000	30 000	贷	30 000

用"T"型账户登记如下,如图 2-12 所示。

```
         借          应付账款            贷
                              期初余额    60 000
     ② 30 000                    ①      10 000
     ④ 30 000                    ③      20 000
     本期发生额    60 000      本期发生额    30 000
                              期末余额    30 000
```

图 2-12　登记"应付账款"账户

3. 成本类账户的结构

成本是企业为生产产品而发生的耗费,最终构成产品的价值,它是资产的运用和表现形态,可归属于资产。所以成本类账户和资产类账户的结构相同,借方登记增加数,贷方登记减少数,若有余额在借方,其计算公式和登记方法同资产类账户,这里不再赘述。

4. 损益类账户的结构

损益类账户包括收入类账户和费用类账户,根据会计恒等式的扩展等式:资产+费用=负债+所有者权益+收入,可知,资产和费用都在公式的左边,因此,费用类账户的结构与资产类账户的结构基本相同,借方登记增加数,贷方登记减少数;收入与负债及所有者权益都在公式的右边,因此,收入类账户的结构与负债及所有者权益类账户的结构基本相同,贷方登记增加数,借方登记减少数。值得注意的是,由于损益类账户核算的是企业在一定会计期间所取得的收益和发生的费用,为了计算损益,期末需将两者配比转为利润。因此,损益类账户期末一般没有余额。

(三) 记账规则

借贷记账法记账规则:有借有贷,借贷必相等。运用借贷记账法的记账规则登记经济业务时一般按以下步骤进行:

(1) 分析经济业务中所涉及的账户名称,并判断账户的性质(资产类、负债类、所有者权益类、收入类、费用成本类);

(2) 判断账户中所涉及的资金数量是增加还是减少;

(3) 根据账户的结构确定记入账户的方向。

下面举例进行分析说明借贷记账法的记账规则。

【例 2-2】 甲公司本月 5 日收回应收账款 40 000 元存入银行。

分析:

这项经济业务的发生涉及甲公司银行存款增加 40 000 元,另一方面这项资金来源于他方对公司的欠款,即甲公司索取货款的权利减少 40 000 元。涉及"银行存款""应收账款"两个账户。它们都是资产类账户,增加记入"借"方,减少记入"贷"方。记录如图 2-13 所示。

```
   借    应收账款    贷              借    银行存款    贷
       ① 40 000                       ① 40 000
```

图 2-13　借贷记账法记账

【例 2-3】 10 日,收到投资方的投资款 50 000 元存入银行。

分析:

这项经济业务的发生涉及甲公司银行存款增加 50 000 元,资金来源于投资方的投资。涉及"银行存款""实收资本"两个账户,都是增加,"银行存款"是资产类账户,增加记借方,"实收资本"是所有者权益类账户,增加记贷方。记录如图 2-14 所示。

借	实收资本	贷		借	银行存款	贷
	② 50 000		↔	② 50 000		

图 2-14 借贷记账法记账

【例 2-4】 12 日,购入原材料 30 000 元,款项尚未支付。

分析:

这项经济业务的发生,一方面使公司的原材料增加了,另一方面公司的负债(应付账款)也等额增加,涉及"原材料""应付账款"两个账户,"原材料"账户是资产类账户,借方记增加,"应付账款"账户是负债类账户,贷方记增加。记录如图 2-15 所示。

借	应付账款	贷		借	原材料	贷
	③ 30 000		↔	③ 30 000		

图 2-15 借贷记账法记账

【例 2-5】 15 日,公司向银行借入为期三年的款项 300 000 元,已存入银行。

分析:

这项经济业务涉及公司"银行存款"增加,其来源是公司向银行的借款,这是公司的负债"长期借款",资产和负债同时等额增加。"银行存款"是资产类账户,借方登记增加,"长期借款"是负债类账户,贷方登记增加。记录如图 2-16 所示。

借	长期借款	贷		借	银行存款	贷
	④ 300 000		↔	④ 300 000		

图 2-16 借贷记账法记账

【例 2-6】 25 日公司购入一台设备,价值 200 000 元,用银行存款支付其中 150 000 元,其余 50 000 元尚欠。

分析:

这项经济业务涉及"银行存款""固定资产"和"应付账款"三个账户:"固定资产"增加 200 000 元,"应付账款"增加 50 000 元,"银行存款"减少 150 000 元。记录如图 2-17 所示。

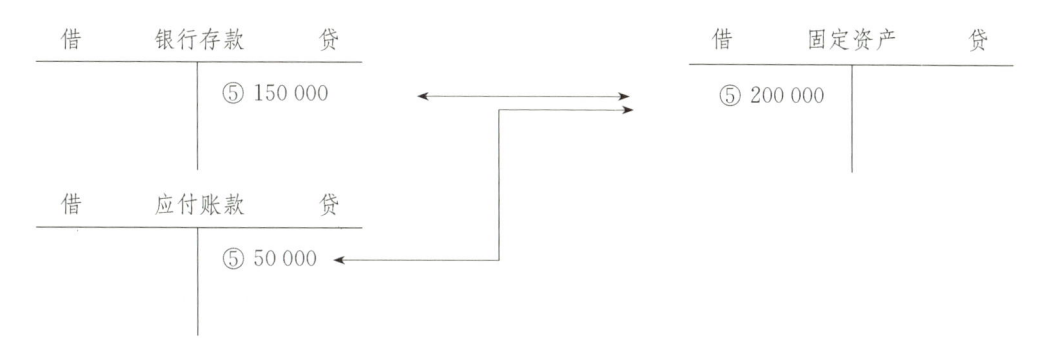

```
借      银行存款      贷                    借      固定资产      贷
        ⑤ 150 000                                  ⑤ 200 000


借      应付账款      贷
                ⑤ 50 000
```

图 2-17 借贷记账法记账

(四) 账户的对应关系及会计分录

1. 账户的对应关系

运用借贷记账法记录经济业务时,根据"有借必有贷,借贷必相等"的记账规则,对每项经济业务都要在两个或两个以上账户的借方和贷方相互联系地进行反映。这使有关账户之间形成一定的相互关系,这种账户之间的相互关系称为账户的对应关系,存在着对应关系的账户叫作对应账户。账户之间的对应关系取决于所发生的经济业务性质。

通过账户的对应关系,可以了解经济业务的内容,从而清楚地反映出各会计要素具体项目增减变动的来龙去脉。

在图 2-14 中"银行存款"账户和"实收资本"账户相互对应,一个是资产类账户,登记在借方;一个是所有者权益类账户,登记在贷方。由此,可以判断出这笔经济业务的内容是:投资款项存入银行。

在图 2-16 中"银行存款"账户和"长期借款"账户相互对应,一个是资产类账户,登记在借方;一个是负债类账户,登记在贷方。由此,可以判断出这笔经济业务的内容是:从银行借入一年期以上款项存入银行。

从以上说明中也可以看出:账户对应关系是相对于某项具体的经济业务而言,并非指某个账户与某个账户是固定的对应账户。

账户对应关系有以下两点作用:一是通过账户的对应关系,可以了解经济业务的内容;二是通过账户的对应关系,可以发现对经济业务的处理是否符合有关财务会计制度和相关的经济法规。

2. 会计分录

企业日常要发生大量的经济业务,如果按照经济业务一一记入账户,不但工作量大,而且也易发生差错,进而影响到企业所提供的会计信息的正确性。因此,在实务工作中,为了保证账户记录的正确性和便于事后检查,在把经济业务记入账户之前,要采用一种专门的方法来确定各项经济业务正确的账户对应关系,即确定经济业务涉及的账户及其借贷方向和金额。这种方法就是编制会计分录。

会计分录,是指对某项经济业务事项标明其应借应贷账户及其金额的记录,简称分录。会计分录应具备的内容包括:

(1) 记账符号:借方和贷方;
(2) 涉及两个或两个以上的账户名称;
(3) 借贷双方的金额。

编制会计分录,应按以下步骤进行:
(1) 一项业务发生后,首先分析这项业务涉及的账户名称,其变化是增加还是减少;
(2) 判断应记账户的性质,按账户的结构确定应记入有关账户的借方还是贷方;
(3) 据借贷记账法的记账规则,确定应记入每个账户的金额;
(4) 分录编好后,应检查分录中应借应贷科目是否正确,借贷方金额是否相等,有无错误。

现以前面记账规则中所举的五项经济业务为例,见[例2-2]至[例2-6],编制会计分录如下:

[例2-2] 借:银行存款　　　　　　　　40 000
　　　　　贷:应收账款　　　　　　　　　　　40 000

[例2-3] 借:银行存款　　　　　　　　50 000
　　　　　贷:实收资本　　　　　　　　　　　50 000

[例2-4] 借:原材料　　　　　　　　　30 000
　　　　　贷:应付账款　　　　　　　　　　　30 000

[例2-5] 借:银行存款　　　　　　　　300 000
　　　　　贷:长期借款　　　　　　　　　　　300 000

[例2-6] 借:固定资产　　　　　　　　200 000
　　　　　贷:银行存款　　　　　　　　　　　150 000
　　　　　　　应付账款　　　　　　　　　　　50 000

书写会计分时录应注意以下几个要点:
(1) 先借后贷,即借方记录在上,贷方记录在下。
(2) 借贷要分行写,并且文字和金额都要错开字节。
(3) 在多借或多贷的情况下,要求借方或贷方账户的文字和金额数字必须对齐。

会计分录有简单会计分录和复合会计分录两种。简单会计分录是指只涉及一个账户借方和另一个账户贷方的会计分录,即一借一贷的会计分录,[例2-2]至[例2-5]都是简单会计分录。复合会计分录是指涉及的借方账户和贷方账户有多个,即一借多贷,一贷多借,多借多贷。[例2-6]就是属于复合会计分录。

(五) 试算平衡

为了保证在一定时期内账户记录的正确性,需要在一定时期末对账户进行试算平衡。

试算平衡,是根据会计等式,按照记账规则的要求来检查账户记录是否正确的方法。

1. 试算平衡的方法

借贷记账法的试算平衡方法有发生额平衡法和余额平衡法两种。

(1) 发生额平衡法。由于采用借贷记账法在处理每一笔经济业务时,都遵循"有借必有贷,借贷必相等"的记账规则,因此,在一定时期内所有账户的借方发生额之和应等于所有账户的贷方发生额之和。发生额平衡法的计算公式如下:

全部账户借方发生额合计＝全部账户贷方发生额合计

（2）余额平衡法。借贷记账法理论依据是会计等式，将一定时期的全部经济业务的会计分录都记入有关账户后，根据"本期期末余额＝本期期初余额＋本期增加发生额—本期减少发生额"，计算出每一个账户的期末余额。因此，所有账户的期末借方余额之和等于所有账户的期末贷方余额之和。余额试算平衡法的公式如下：

全部账户的借方期末（初）余额合计＝全部账户贷方期末（初）余额合计

试算平衡法是检查账户记录正确与否的方法之一。但必须指出，如果借贷不平衡，可以肯定账户的记录和计算有错误；但如果借贷平衡，并不能肯定记账没有错误，因为有些错误并不影响借贷双方的平衡。

2. 试算平衡法的实际运用。试算平衡法的步骤如下：
（1）根据经济业务编制会计分录；
（2）根据会计分录，登记账簿；
（3）计算各个总分类账户的借方本期发生额和贷方本期发生额；
（4）计算出每个账户借方期末余额或贷方期末余额；
（5）根据各个账户的本期发生额和期末余额，编制"试算平衡表"。

下面举例说明借贷记账法下编制会计分录、登记账簿及进行试算平衡的整个过程。

【例 2-7】 某企业 2023 年 4 月末有关账户的余额如表 2-6 所示。

表 2-6 某企业各账户的期末余额

单位：元

账户	期末余额	
	借方	贷方
库存现金	2 000	
银行存款	40 000	
应收账款	6 000	
原材料	12 000	
库存商品	24 000	
生产成本	10 000	
固定资产	100 000	
长期借款		50 000
应付账款		8 000
实收资本		120 000
盈余公积		16 000
合计	194 000	194 000

该企业5月份发生下列经济业务：
(1) 购买材料一批，价值8 000元，款项已付，材料已验收入库。
(2) 提取现金2 000元备用。
(3) 归还银行借款20 000元。
(4) 生产产品领用原材料10 000元。
(5) 收到投资者投入的设备一台，价值50 000元。
(6) 用银行存款6 000元偿还前欠货款。
根据上述经济业务编制会计分录如下：

(1) 借：原材料　　　　　　　　　　　　　8 000
　　　贷：银行存款　　　　　　　　　　　　　　8 000
(2) 借：库存现金　　　　　　　　　　　　2 000
　　　贷：银行存款　　　　　　　　　　　　　　2 000
(3) 借：长期借款　　　　　　　　　　　　20 000
　　　贷：银行存款　　　　　　　　　　　　　　20 000
(4) 借：生产成本　　　　　　　　　　　　10 000
　　　贷：原材料　　　　　　　　　　　　　　　10 000
(5) 借：固定资产　　　　　　　　　　　　50 000
　　　贷：实收资本　　　　　　　　　　　　　　50 000
(6) 借：应付账款　　　　　　　　　　　　6 000
　　　贷：银行存款　　　　　　　　　　　　　　6 000

月末，根据上述会计分录登记账户，结出账户的本期发生额和期末余额，如图2-18所示。

借	库存现金	贷
期初余额：2 000		
(2)　　2 000		
本期发生额：2 000	本期发生额：—	
期末余额：4 000		

借	银行存款	贷
期初余额：40 000		
	(1) 8 000	
	(2) 2 000	
	(3) 20 000	
	(6) 6 000	
本期发生额：—	本期发生额：36 000	
期末余额：4 000		

借	应收账款	贷
期初余额：6 000		

借	原材料	贷
期初余额：12 000		
(1) 8 000	(4) 10 000	
本期发生额：8 000	本期发生额：10 000	
期末余额 10 000		

借	应付账款	贷
	期初余额:8 000	
(6) 6 000		
本期发生额:6 000	本期发生额:—	
	期末余额:2 000	

借	库存商品	贷
期初余额:24 000		

借	生产成本	贷
期初余额:10 000		
(4) 10 000		
本期发生额:10 000	本期发生额:—	
期末余额:20 000		

借	固定资产	贷
期初余额:100 000		
(5) 50 000		
本期发生额:50 000	本期发生额:—	
期末余额:150 000		

借	实收资本	贷
	期初余额:120 000	
	(5) 50 000	
本期发生额:—	本期发生额:50 000	
	期末余额:170 000	

借	盈余公积	贷
	期初余额:16 000	

借	长期借款	贷
	期初余额:50 000	
(3) 20 000		
本期发生额:20 000	本期发生额:—	
	期末余额:30 000	

图 2-18 本期发生额和期末余额

根据账户记录进行试算平衡,如表 2-7 所示。

表 2-7 试算平衡表

单位:元

账户名称	期初余额 借	期初余额 贷	本期发生额 借	本期发生额 贷	期末余额 借	期末余额 贷
库存现金	2 000		2 000		4 000	
银行存款	40 000			36 000	4 000	
应收账款	6 000				6 000	
原材料	12 000		8 000	10 000	10 000	
库存商品	24 000				24 000	
生产成本	10 000		10 000		20 000	
固定资产	100 000		50 000		150 000	
应付账款		8 000	6 000			2 000
长期借款		50 000	20 000			30 000
实收资本		120 000		50 000		170 000
盈余公积		16 000				16 000
合　计	194 000	194 000	96 000	96 000	218 000	218 000

【案例2-3】 王明和何凤做好会计记录的第三个任务就是编制会计分录,并在相关账簿中进行连续记录。他们编制的会计分录如下:

(1) 借:机器设备　　　　　　　　　　　20 000
　　　贷:银行存款　　　　　　　　　　　　20 000
(2) 借:应收账款　　　　　　　　　　　10 000
　　　贷:主营业务收入　　　　　　　　　　10 000
(3) 借:木材料　　　　　　　　　　　　10 000
　　　贷:银行存款　　　　　　　　　　　　10 000
(4) 借:库存现金　　　　　　　　　　　8 000
　　　贷:库存商品　　　　　　　　　　　　8 000
(5) 借:应付职工薪酬　　　　　　　　　10 000
　　　贷:库存现金　　　　　　　　　　　　10 000

请问上述会计分录是否正确?

分析:

(1) 机器设备用"固定资产"账户。分录如下:
借:固定资产　　　　　　　　　　　　　20 000
　　贷:银行存款　　　　　　　　　　　　　20 000
(2) 整个业务没有发生,不能进行会计记录。
(3) 木材料用"原材料"账户。分录如下:
借:原材料　　　　　　　　　　　　　　10 000

　　　　贷：银行存款　　　　　　　　　　　　　　　　　　　10 000
（4）应该反映销售收入。分录如下：
　　借：库存现金　　　　　　　　　　　　　　　　　　　　 8 000
　　　　贷：主营业务收入　　　　　　　　　　　　　　　　　 8 000
（5）以银行存款支付员工工资，分录如下：
　　借：应付职工薪酬　　　　　　　　　　　　　　　　　　 10 000
　　　　贷：银行存款　　　　　　　　　　　　　　　　　　 10 000

【本项目小结】

会计要素		定义：会计要素是对会计对象的基本分类，是会计对象的具体化 六大要素：资产、负债、所有者权益、收入、费用、利润 资产、负债、所有者权益是反映企业财务状况的要素，也称静态要素 收入、费用、利润是反映企业财务成果的要素，也称动态要素
会计等式	也称会计恒等式或会计的平衡公式	1. 反映企业财务状况的等式（静态会计等式）：资产＝负债＋所有者权益 2. 反映经营成果的等式（动态会计等式）：收入－费用＝利润 3. 扩展会计等式：资产＝负债＋所有者权益＋收入－费用
	经济业务的类型及其对会计等式的影响	四种类型：资产类项目一增一减，增减的金额相等；权益类项目一增一减，增减的金额相等；资产类项目和权益类项目同增，双方增加的金额相等；资产类项目和权益类项目同减，双方减少的金额相等 经济业务的发生不会破坏会计等式的平衡关系
会计科目	定义	会计科目就是对会计要素的具体内容进一步分类的项目
	分类	1. 按照经济内容分类：资产类、负债类、共同类、所有者权益类、成本类、损益类 2. 按照其提供信息的详细程度及其统驭关系分类：总分类科目、明细分类科目
账户	定义	账户是根据会计科目开设的，具有一定的格式和结构，用于分类反映会计要素增减变动及其结果的载体
	基本结构	账户基本结构：左右两方，一方登记增加，另一方登记减少。简化格式："T"型账户 账户记录的金额及其关系：期末余额＝期初余额＋本期增加发生额－本期减少发生额
	分类	1. 账户按提供信息的详细程度及其统驭关系分类：同会计科目 2. 账户按经济内容分类：同会计科目
复式记账法		复式记账法是指对发生的每一项经济业务，同时在两个或两个以上相互联系的账户中以相等的金额进行登记的一种记账方法

续 表

借贷记账法	定义	以"借""贷"作为记账符号,以"有借必有贷,借贷必相等"为记账规则的一种复式记账法
	记账符号	以"借""贷"作为记账符号,"借""贷"是纯粹的记账符号,本身不表示增减,只有和账户的性质结合在一起才表示增减
	账户结构	资产类、成本类、损益类中的费用类账户借方表示增加,贷方表示减少,期末如有余额,一般在借方;负债类、所有者权益类、损益类中的收入类账户借方表示减少,贷方表示增加,期末如有余额,一般在贷方
	记账规则	有借必有贷,借贷必相等
	会计分录	1. 账户的对应关系:有关账户之间应借应贷的相互关系 2. 对应账户:发生对应关系的账户 3. 会计分录:简称分录,对某项经济业务标明其应借应贷账户及其金额的记录。分为简单会计分录(一借一贷)和复合会计分录(多借一贷、一借多贷)
	试算平衡	1. 定义:检查账户记录是否正确的一种方法 2. 分类:发生额试算平衡、余额试算平衡 发生额试算平衡公式: 全部账户本期借方发生额合计=全部账户本期贷方发生额合计 余额试算平衡公式: 全部账户借方期末(初)余额合计=全部账户贷方期末(初)合计

【课堂讨论】

为什么要使用复式记账法？它有什么优点？

【复习思考题】

1. 什么是会计要素？我国企业的会计要素包括哪些？
2. 说明各项会计要素的含义及其特征。
3. 什么是会计等式？
4. 经济业务的发生会不会破坏会计等式？
5. 经济业务的发生对会计等式的影响有哪几种类型？
6. 什么是会计科目？各级会计科目之间的关系是怎样的？
7. 账户的结构如何？如何计算期末余额？

项目三

填制与审核原始凭证

【知识目标】

1. 了解原始凭证的种类及作用。
2. 掌握原始凭证的填制要求。
3. 掌握原始凭证的审核方法。

【能力目标】

1. 能正确书写会计专用文字及数字大小。
2. 能正确填制常用原始凭证。
3. 能审核原始凭证。

【素养目标】

1. 具有正确的价值观,严格遵守会计法律法规,保证原始凭证来源真实合法,填制合理有效。
2. 具有严谨认真的工作态度,依据规范的填制要求和方法,提供内容完整、正确,手续完备的原始凭证。
3. 具有守责敬业的工作原则,廉洁自律的职业道德,明确相关人员的经济责任,防止利用原始凭证进行舞弊。

【案例导入】

为了迎接学校的寝室、教室文化评比,某会计班全体班委经过商量委托班长和生活委员到商场采购各种材料。他们挑选了以下几种商品:风景画 4 张,单价 2.80 元/张;字画 8 幅,单价 2.50 元/幅;水粉 1 盒,单价 10.60 元/盒;双面胶 5 个,单价 2.00 元/个。

如果你是购买者,你如何证明所买东西的金额和数量呢?要取得证明文书,应包含哪些内容?又如何认定所写内容是真实有效的呢?通过本项目的学习和实训,大家就可以知道,记录或证明经济业务的发生或完成情况的文字凭据常用的有哪些,如何填制及审核。

知识导图

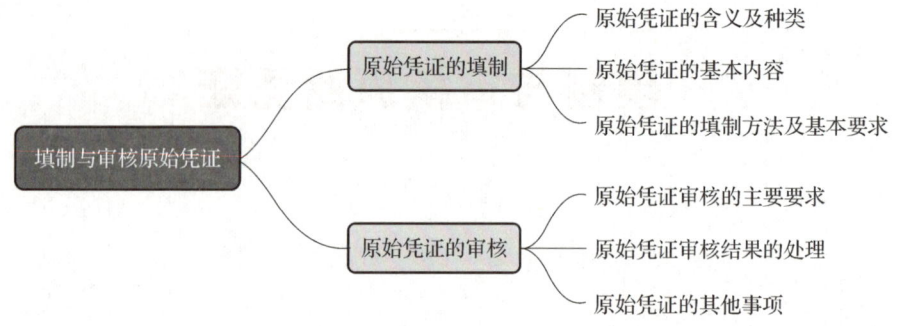

```
                          ┌─ 原始凭证的含义及种类
            ┌─ 原始凭证的填制 ─┼─ 原始凭证的基本内容
            │                └─ 原始凭证的填制方法及基本要求
填制与审核原始凭证 ┤
            │                ┌─ 原始凭证审核的主要要求
            └─ 原始凭证的审核 ─┼─ 原始凭证审核结果的处理
                             └─ 原始凭证的其他事项
```

任务一　原始凭证的填制

一、原始凭证的含义及种类

（一）原始凭证的含义

认识原始凭证

原始凭证又称单据，是在经济业务发生或完成时取得或填制的，用以记录或证明经济业务的发生或完成情况的文字凭证。

它不仅能用来记录经济业务发生或完成情况，还可以明确经济责任，是进行会计核算工作的原始资料和重要依据，是会计资料中最具有法律效力的一种文件。工作令号、购销合同、购料申请单等不能证明经济业务发生或完成情况的各种单证不能作为原始凭证并据以记账。

（二）原始凭证的种类

原始凭证的种类，如图 3-1 所示。

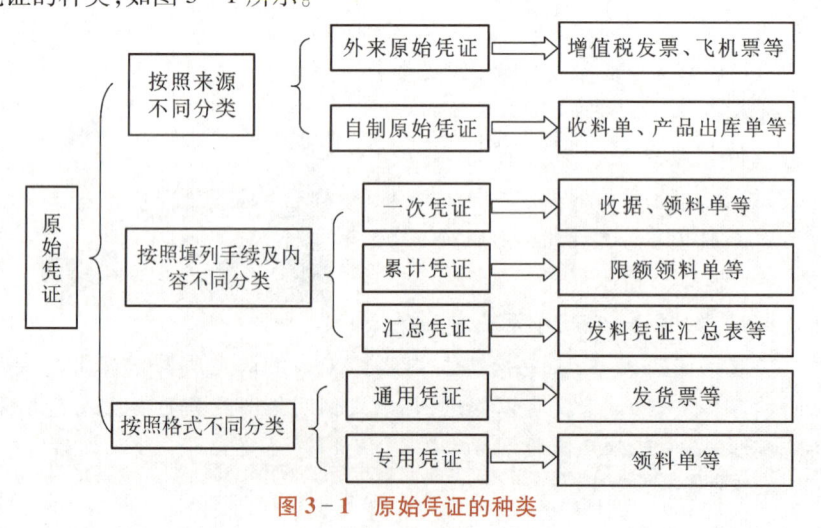

```
              ┌─ 按照来源不同分类 ─┬─ 外来原始凭证 ──→ 增值税发票、飞机票等
              │                  └─ 自制原始凭证 ──→ 收料单、产品出库单等
              │
原始凭证 ─────┤                  ┌─ 一次凭证 ──→ 收据、领料单等
              ├─ 按照填列手续及内容不同分类 ─┼─ 累计凭证 ──→ 限额领料单等
              │                  └─ 汇总凭证 ──→ 发料凭证汇总表等
              │
              └─ 按照格式不同分类 ─┬─ 通用凭证 ──→ 发货票等
                                 └─ 专用凭证 ──→ 领料单等
```

图 3-1　原始凭证的种类

1. 按照来源不同分类

按照来源不同,分为原始凭证可分为外来原始凭证和自制原始凭证。

(1) 外来原始凭证,是指在同外单位发生经济往来事项时,从外单位取得的凭证。如增值税专用发票(见表3-1)、飞机票、火车票、银行收付款通知单以及企业购买商品、材料时从供货单位取得的发货票等。

(2) 自制原始凭证,是指在经济业务事项发生或完成时,由本单位内部经办部门或人员填制的凭证。如收料单、领料单、开工单、成本计算单、产成品出库单等。

2. 按照填制手续不同分类

按原始凭证按填制手续不同,分为一次凭证、累计凭证和汇总原始凭证。

(1) 一次凭证。一次凭证是指只反映一项经济业务或同时记录若干项同类性质经济业务的原始凭证,其填制手续是一次完成的。如各种外来原始凭证都是一次凭证,企业有关部门领用材料的领料单、职工的借款单(见表3-2)、购进材料的入库单、材料费用分配表等都是一次凭证。

表3-1 增值税专用发票的格式

3600000000	江西增值税专用发票		No 00000000	
			开票日期: 年 月 日	
购货方	名　　称: 纳税人识别号: 地　址、电　话: 开户行及账号:		密码区	第三联：发票联　购货方记账凭证
货物或应税劳务、服务名称	规格型号	单位 数量 单价	金额 税率 税额	
合　　计				
价税合计 (大写)	(小写)			
销货方	名　　称: 纳税人识别号: 地　址、电　话: 开户行及账号:		备注	

收款人:　　　复核:　　　开票人:　　　销货单位:(章)

表 3-2　借款单的基本格式

借　款　单

日期：　　年　　月　　日

部门名称		借款人								
借款用途										
借款金额(大写)				十	万	千	百	十	元	角	分
部门负责人		主管领导								
财务主管										

（2）累计凭证。累计凭证是指在一定时期内（一般以一月为限）连续发生的同类经济业务的自制原始凭证，其填制手续是随着经济业务事项的发生而分次进行的。如限额领料单是累计凭证（见表 3-3）。

表 3-3　限额领料单的基本格式

限额领料单

编号：　　　　　　　　　　　　　　　　　　　　　　　日期：____年__月__日

领料部门			发料仓库		用途			
材料编号	材料名称及规格	计量单位	计划投产量	单位消耗定额	领用限额	实发		
						数量	单价	金额
日期(月/日)	领用记录			退料记录			限额结余数量	
	数量	领料人	发料人	数量	退料人	收料人		
生产计划主管			物控主管			仓管员		

（3）汇总原始凭证。汇总原始凭证是指根据一定时期内反映相同经济业务的多张原始凭证，汇总编制而成的自制原始凭证，以集中反映某项经济业务的总括发生情况。汇总原始凭证既可以简化会计核算工作，又便于进行经济业务的分析比较。如工资汇总表、现金收入汇总表、发料凭证汇总表、差旅费报销单（见表 3-4）等都是汇总原始凭证。

表 3-4 差旅费报销单的基本格式

差旅费报销单

报销部门：　　　　　　　　　　　　　　年　月　日　　　　　　　　　附件共＿＿＿张

姓　名		职别		出差事由						
部门负责人审批				领导审批						
出差起止日期自　　年　　月　　日起至　　年　　月　　日止共　　天										
日期		起讫地点	天数	机票费	车船费	市内交通费	住宿费	出差补助	其他	小计
月	日									
		合　计								
总计金额(大写)					预支：			补助：		

3. 按照格式不同分类

按照格式不同，分为通用凭证和专用凭证。

（1）通用凭证，指由有关部门统一印制、在一定范围内使用的具有统一格式和使用方法的原始凭证。如全国通用的增值税发票、银行转账结算凭证等。

（2）专用凭证，指由单位自行印制、仅在本单位内部使用的原始凭证。如收料单、领料单、工资费用分配单、折旧计算表等。

二、原始凭证的基本内容

由于企业经济活动的种类繁多，内容不一，为满足不同单位经营管理的需要，原始凭证的格式和内容也千差万别。为了能够客观反映经济业务的发生或完成情况，表明经济业务的性质，明确有关单位和人员的经济责任等，《会计基础工作规范》第48条规定，原始凭证必须具备以下基本要素：

（1）原始凭证名称；

（2）填制原始凭证的日期；

（3）接受原始凭证单位名称；

（4）经济业务内容(含数量、单价、金额等)；

（5）填制单位签章；

（6）有关人员签章；

（7）凭证附件。

原始凭证除应当具备上述内容外，还应当有以下的附加条件：① 从外单位取得的原始凭证，应使用统一发票，发票上应印有税务专用章；必须加盖填制单位的公章或发票专用章。

② 自制的原始凭证,必须要有经办单位负责人或者由单位负责人指定的人员签名或者盖章。③ 支付款项的原始凭证,必须要有收款单位和收款人的收款证明,不能仅以支付款项的有关凭证代替。④ 购买实物的原始凭证,必须有验收证明。⑤ 销售货物发生退回并退还货款时,必须以退货发票、退货验收证明和对方的收款收据作为原始凭证。⑥ 职工因公出差借款填制的借款凭证,必须附在记账凭证之后。⑦ 经上级有关部门批准的经济业务事项,应当将批准文件作为原始凭证的附件。

三、原始凭证的填制方法及基本要求

(一)原始凭证的填制方法

1. 自制原始凭证的填制方法

(1) 一次凭证的填制方法。一次凭证的填制手续是在经济业务发生或完成时,由经办人员填制的,一般只反映一项经济业务,或者同时反映若干项同类性质的经济业务。

(2) 累计凭证的填制方法。累计凭证是在一定时期不断重复地反映同类经济业务的完成情况,它是由经办人在每次经济业务完成后,由相关人员在同一张凭证上重复填制而成的。

(3) 汇总原始凭证的填制方法。汇总原始凭证,是指在会计的实际工作日,为了简化记账凭证的填制工作,将一定时期若干份记录同类经济业务的原始凭证汇总编制一张汇总凭证,用以集中反映某项经济业务的完成情况。汇总原始凭证是有关责任者根据经济管理的需要定期编制的。

(4) 记账编制凭证的填制方法。

记账编制凭证,是由会计人员根据一定时期内某一账户的记录结果,对某一特定事项进行归类、整理而编制的,以满足会计核算或经济管理的需要。如制造费用分配表等。

2. 外来原始凭证的填制方法

外来原始凭证是在企业同外单位发生经济业务时,由外单位的经办人员填制的。外来原始凭证一般由税务局等部门统一印制,或经税务部门批准由经济单位印制,在填制时加盖出具凭证单位公章方有效。对于一式多联的原始凭证必须用复写纸套写或打印机套打。

(二)原始凭证的填制要求

原始凭证是用以记录或证明经济业务的发生或完成情况,用于明确经济责任的一种原始凭据。它是会计核算的最基础的原始资料,要保证会计核算工作质量,必须从保证原始凭证质量做起。

原始凭证填制的具体要求主要有以下几点:

(1) 记录要真实。原始凭证所填列的经济业务内容和数字,必须真实可靠,不能乱估计数字,要符合有关经济业务的实际情况,不得弄虚作假,更不得伪造凭证。

(2) 内容要完整。原始凭证所要求填列的项目必须逐项填列齐全,不得遗漏和省略;必须符合手续完备的要求,经办业务的有关部门和人员要认真审核,签名盖章。

(3) 手续要完备。单位自制的原始凭证必须有经办单位领导人或者其他指定的人员签名盖章;对外开出的原始凭证必须加盖本单位公章;从外部取得的原始凭证,必须盖有填制单位

的公章；从个人取得的原始凭证，必须有填制人员的签名盖章。

（4）书写要清楚、规范。原始凭证要按规定填写，文字要简要，字迹要清楚，易于辨认，不得使用未经国务院公布的简化汉字。大小写金额必须相符且填写规范，小写金额用阿拉伯数字逐个书写，不得写连笔字，在金额前要填写人民币符号"￥"，人民币符号"￥"与阿拉伯数字之间不得留有空白，金额数字一律填写到角分，无角分的，写"00"或符号"—"，有角无分的，分位写"0"，不得用符号"—"；大写金额用汉字壹、贰、叁、肆、伍、陆、柒、捌、玖、拾、佰、仟、万、亿、元、角、分、零、整等，一律用正楷或行书字书写，大写金额前未印有"人民币"字样的，应加写"人民币"三个字，"人民币"字样和大写金额之间不得留有空白，大写金额到元或角为止的，后面要写"整"或"正"字，有分的，不写"整"或"正"字。如小写金额为￥1 008.00，大写金额应写成"壹仟零捌元整"。

（5）编号要连续。如果原始凭证已预先印定编号，在写坏作废时，应加盖"作废"戳记，妥善保管，不得撕毁。

（6）印章要得当。银行票据应按银行有关规定加盖单位预留印章；所有发票应在发票联加盖发票专用章；从外单位取得的原始凭证，必须盖有填制单位的公章，特殊情况除外，如火车票、飞机票等一般没有加盖公章，仍可正常使用；凭证上加盖公章时应使用红色印泥。

（7）不得涂改、刮擦、挖补。原始凭证有错误的，应当由出具单位重开或更正，更正处应当加盖出具单位印章。原始凭证金额有错误的，应当由出具单位重开，不得在原始凭证上更正。

（8）填制要及时。各种原始凭证一定要及时填写，并按规定的程序及时送交会计机构、会计人员进行审核。

知识链接3-1

会计凭证的书写规则

一、大写数字书写规则

大写数字主要用于填制需要防止涂改的信用凭证，如收据、发票、支票以及经济合同等书面凭证。

大写数字是由数码和数位组成的，表示位的文字前必须有数字。数码是：零、壹、贰、叁、肆、伍、陆、柒、捌、玖。数位是：个、拾、佰、仟、万、拾万、佰万、仟万、亿等。

（1）大写金额数字前未印有货币名称的，应当加填货币名称，金额数字与货币名称之间不得留有空白，以防篡改。

（2）大写金额满"拾"时，必须在"拾"字前写个"壹"字。如19.00元大写为：人民币壹拾玖元整。

（3）阿拉伯金额数字中间有"0"时，汉字大写金额要写"零"字；阿拉伯金额数字中间连续有几个"0"时，汉字大写金额中可以只写一个"零"字；阿拉伯金额数字元位是"0"时，汉字大写可以不写"零"字。如，60 006.50元大写为：人民币陆万零陆元伍角整。再如，340.80元大写为：人民币叁佰肆拾元捌角整。

（4）大写金额数字到元或者角为止的，在"元"或者"角"字之后应当写"整"字或"正"字；

但大写金额数字有分的,分字后面不写"整"字或"正"字。如,40 016.50 元大写为:人民币肆万零壹拾陆元伍角整。再如,652.53 元大写为:人民币陆佰伍拾贰元伍角叁分。

(5) 书写要工整,填写凭证时如果写错,不能涂改,要重新填写。

(6) 在会计核算中,票据的出票日期必须使用中文大写。在填写月、日时,月为壹、贰和壹拾的,日为壹至玖及壹拾、贰拾和叁拾的应在其前加"零";日为拾至拾玖的,应在其前面加"壹"。如1月2日应写为零壹月零贰日,12月15日应写为壹拾贰月壹拾伍日;10月20日应写为零壹拾月零贰拾日。

二、阿拉伯数字书写规则

(一) 总体书写规则

(1) 先上后下,先左后右,沿横格底线向右下倾斜,约成60度角,高度占格高的二分之一左右。不能潦草,不能似是而非,要一个一个地写,不能连笔。除4和5外,其他数字均要一笔写成,有圆的必须封口。

(2) 阿拉伯金额数字前面应当书写货币币种符号或者货币名称简写和币种符号。金额货币符号与阿拉伯金额数字之间不得留有空白。阿拉伯金额数字前写有币种符号的,阿拉伯金额数字后面不再写货币单位。

(3) 一组数字书写时,字形要一致,字距要等同,左右位置居中,除7和9可伸入下格的四分之一外,其余数字均要落笔于底线上。

(4) 所有以元为单位的阿拉伯金额数字,除表示单价等情况外,一律填写到角分;无角无分的,角位和分位可写"00",或者符号"—";有角无分的,分位应当写"0",不得用符号"—"代替。

(5) 为了方便看数,整数部分从个位起向左每隔三位用一分节符","分开。

(6) 写错数字需要改正时,要用红笔将整个数字从中画一单红线,以示注销,再用蓝笔在数字正上方写上正确的数字,并在旁边加盖经办人私章,以明确责任。

(二) 各个数字书写的基本规则

"0"字不要写小了,并要闭合,以免改做9,连续写几个0时,不要写连接线。

"1"字不能写得比其他数字短,以免被篡改。

"2"字不能写成"Z"以免改做3。

"3"字要使起笔处至转弯处距离稍长,不应太短,且转弯处要光滑,使其不易误为5。

"4"字的转角要死折,使其不易改作6。

"5"字的短横与"秤钩"必须明显,切不可拖泥带水,以防与8混淆。

"6"字起笔要促至上半格四分之一处,下圈要明显,使其不易改作4与8。

"7"字上端一横既要明显,又要平直,折画不得圆滑,以与1和9明显区别开来。

"8"字注意上下两圈明显可见,且上圈稍小。

"9"字的小圈不要留间隙,下伸至下格四分之一处,以免与4混淆。

(三) 几种常用原始凭证的填制范例

几种常用原始凭证的填制范例,如表3-5至表3-7所示。

表 3-5 收据的常见格式

收 据

2022 年 12 月 10 日

今收到：张亮			
人民币（大写）：贰佰元整	￥200.00		华峰股份有限公司现金收讫
事由：退回多余现金	现金（√）	支票	

财务主管：赵刚　　　收款人：孙丽　　　交款人：张亮

表 3-6 银行转账支票的格式

中国工商银行转账支票存根 10286804 33888991	中国工商银行 转账支票　10286804　33888991
附加信息_____ 出票日期 2022 年 12 月 2 日 收款人：杭海市宏达运输公司 金　额：￥3 500.00 用　途：支付运费 单位主管 赵红　会计 李江	出票日期(大写) 贰零贰贰年壹拾贰月零贰日　付款行名称：工行杭海支行 收款人：杭海市宏达运输公司　　　　　　出票人账号：12020061068529865 人民币(大写) 叁仟伍佰元整　　亿千百十万千百十元角分 ￥3 5 0 0 0 0 用途：支付运费 我账户内支付 出票人签章：华峰股份有限公司 财务专用章　　密码_____ 行号_____ 刘丽印章　　复核　　记账

付款期限自出票之日起十天

表 3-7 收料单的格式

收料单

供应单位：光辉公司　　　　　　　　　　　　　　　　　编号：0001
发票号码：No058357886　　2022 年 12 月 3 日　　仓库：原材料库

材料名称	规格	编号	单位	数量		单价	金额		
				应收	实收		发票金额	运杂费	合计
B 材料		02	千克	5 000	5 000	19.30	96 500.00	3 500.00	100 000.00
合　计									￥100 000.00

备　注：　　　　　　　　　　　　　　　　　　　　　　　　　　验收人签章：张杰

部门负责人：刘刚　　　　　复核人：钱华　　　　　制表人：李江

【案例 3-1】 9 月 22 日，公司供销科钱某出差归来报销差旅费 1 700 元，同时将多余现金 300 元退回给出纳员李某，李某随即退还给钱某 2 000 元借款收据。

分析：

该公司出纳员李某退还借款收据的做法不符合规定。根据《会计基础工作规范》的规定，职工借款凭据，必须附在记账凭证之后。收回借款时，应当另开收据或者退还借据副本，不得退还原借款收据。

任务二　原始凭证的审核

审核原始凭证是正确组织会计核算和进行会计检查的一个重要方面,也是实行会计监督的一个重要手段。为了正确地反映和监督各项经济业务,保证核算资料的真实、准确和合法,会计部门和经办业务的有关部门,必须对会计凭证,特别是对原始凭证进行严格认真的审核。

原始凭证的审核,主要是对各种原始凭证的审核。各种原始凭证,除由经办业务的有关部门审核外,最后要由会计部门进行审核。及时审核原始凭证,是对经济业务进行的事前监督。会计人员审核原始凭证应当按照国家统一会计制度的规定进行。只有审核无误且手续齐备的原始凭证,才能作为记账凭证的依据。

一、原始凭证审核的主要内容

(一) 审核原始凭证的真实性

所谓真实,就是说原始凭证上反映的应当是经济业务的本来面目,不得掩盖、歪曲和颠倒真实情况。

(1) 经济业务双方当事单位和当事人必须是真实的。开出原始凭证的单位,接受原始凭证的单位,填制原始凭证的责任人,取得原始凭证的责任人,都要据实填写,不得冒他人、其他单位之名,也不得填写假名。

(2) 经济业务发生的时间、地点、填制凭证的日期必须是真实的。不得把经济业务发生的真实时间改变为以前或以后的时间;不得把在甲地发生的经济业务改变成在乙地发生,也不得把填制原始凭证的真实日期改变为以前或以后的日期。

(3) 经济业务的内容必须是真实的。是购货业务,必须标明货物的名称、规格、型号等;是住宿业务,就要标明住宿的日期;是乘坐交通工具业务,就得标明交通工具种类和起止地点;是就餐业务,必须标明就餐,不得把购物写成就餐,把就餐写成住宿;是劳动报酬支付,就应该附有考勤记录和工资标准等。

(4) 经济业务的"量"必须是真实的。购买货物业务,要标明货物的重量、长度、体积、数量;其他经济业务也要标明计价所使用的量。最后,也是最关键的一点,就是单价、金额必须是真实的。不得在填写原始凭证时抬高或压低单价,多开或少开金额。

(二) 审核原始凭证的合法性

合法性审核是审核原始凭证所记载的经济业务是否符合有关财经纪律、法规、制度等的规定,有无违法乱纪行为,若有,应予揭露和制止。根据《会计法》的规定,对不真实、不合法的原始凭证,有权不予接受,并向单位负责人报告。

(三) 审核原始凭证的合理性

审核所发生的经济业务是否符合厉行节约、反对浪费、有利于提高经济效益的原则,如经审核原始凭证后确定有使用预算结余购买不需要的物品,有对陈旧过时设备进行大修理等违反上述原则的情况,该原始凭证不能作为合理的原始凭证。

(四) 审核原始凭证的完整性

审核原始凭证是否具备基本内容,有否应填未填或填写不清楚的现象。如经审核原始凭证后确定有未填写接受凭证单位名称,无填证单位或制证人员签章,业务内容与附件不符等情况,该原始凭证不能作为内容完整的原始凭证。在具体审核过程中,应注意如下几个方面:

(1) 对于外来发票和收据,应注意凭证上单位名称、发票抬头、品名、计量单位、数量、单价、总金额等各项内容是否齐全,是否有单位财务专用章或发票专用章,是否有税务机关的发票监制章等。

(2) 对于外来的原始凭证,本单位办理手续是否齐备,比如发票、收据等是否经过有关人员复核,货物是否经过验收,报销时有关经办人员是否签章,是否经过领导批准等等。

(3) 对于自制的原始凭证,同样应审查填写是否齐全,有关人员是否签章,是否经有权批准人员批准等等。

(五) 审核原始凭证的正确性

(1) 审核原始凭证在计算方面是否存在失误。如经审核凭证后确定有业务内容摘要与数量、金额不相对应,业务所涉及的数量与单价的乘积与金额不符,金额合计错误等情况,该原始凭证不能作为正确的原始凭证。

(2) 阿拉伯数字应分位填写,不得连写;小写金额前要标明"￥"字样,中间不能留有空位;大写金额前要加"人民币"字样,大写金额与小写金额要相符。

(3) 凭证内容书写错误的,应采用正确的方法更正,不能涂改、刮擦、挖补。

对于审核后的原始凭证,如发现有不符合上述要求,有错误或不完整之处,应当按照有关规定进行处理;如符合有关规定,就一定根据审核无误的原始凭证来编制记账凭证。

(六) 审核原始凭证的及时性

原始凭证的及时性是保证会计信息及时性的基础。为此,要求在经济业务发生或完成时及时填制有关原始凭证,及时进行凭证的传递。审核时应注意审查凭证的填制日期,尤其是支票、银行汇票、银行本票等时效性较强的原始凭证,更应仔细验证其签发日期。

【案例3-2】 某企业一职工报销住院费4 260.50元。会计人员发现该报销单据上的姓名与其余的字迹不同,并有涂改迹象,且发现报销单据的金额栏隐现出另一种笔迹,于是扣留报销单据,并及时向单位领导人报告,请求查明情况。经向医院查实和技术鉴定,该报销单据是别人丢弃的,存根联金额只有200.50元,被该职工捡到后启用"退字液"涂改姓名并加大金额后拿来报销,企图贪污。试分析如果该职工报销成功,将有何影响?

分析:

据本案例,如果该职工报销成功,单位资金个人占有,从利益角度看,他损害了企业其他员工的利益;从会计信息角度看,虚假的凭证必然反映出不真实的信息,从而误导会计信息使用者。所以,认真、严格地审核原始凭证对确保会计信息的合法性、合理性和真实性,提高会计信息的质量,防止各种弄虚作假、损公肥私的行为,保护单位财产的安全、完整,维护公众的利益,改善经营管理,提高经济效益都具有重要的意义。

知识链接 3-2

原始凭证错弊的鉴别

一、原始凭证中的舞弊

原始凭证舞弊是指篡改、伪造、窃取、不如实填写原始凭证,或利用旧、废原始凭证来将个人所花的费用伪装为单位的日常开支,借以达到损公肥私的目的。例如,某企业领导通过篡改凭证接受人将自己子女上学的费用作为企业的职工培训费入账。例如,某秘书从不法分子手中购得假空白发票填上后到厂里报销入账。例如,在复写纸下垫一张白纸,使原始凭证的正、副联的数字内容不一致,像销售货物开具增值税专用发票时,与客户勾结,将客户持有的抵扣联的数额写大,让其可以抵扣的进项税额变大,而本企业持有的存根联上则据实记录,保持正常的增值税销项税额,客户单位弄虚作假多抵扣的进项税额的"好处"则与开票单位分享。

发生在原始凭证中的错误主要是把原始凭证中各项内容错记。例如,把原始凭证的接受单位和人员弄错;或把日期记错,造成会计分期中出现跨期事项,使其不符合权责发生制原则;或把数量、价格的小数、位数、单价弄错,使得金额出现偏差;或使用不合规定的原始凭证,不按要求使用印鉴,原始凭证编号不连续等等。

原始凭证中的错误虽然不是故意行为,但其危害很大,如原始凭证的印鉴错误会使单位财会人员对其真实性和合法性产生怀疑;原始凭证中的金额、计量单位错误会导致多付或少付货币;错误的日期会影响该项业务的正确归属期。

二、原始凭证错弊的鉴别

不论原始凭证舞弊采用什么方式,其原始凭证上都会直接或间接地表现出以下特点中的一点或几点:

(1)对刮、擦、用胶带拉扯的原始凭证,其表面总会有毛粗的感觉,可用手摸、背光目视的方法检查出来;对用"消字灵"等化学试剂消退字迹而后写上的原始凭证,其纸张上显示出表面光泽消失,纸质变脆,有淡黄色污斑和隐约可见的文字笔画残留,纸张格子线和保护花纹受到破坏,新写的字迹由于药剂作用而渗散变淡等。

(2)对添加改写的原始凭证,其文字分布位置不合比例,字体不是十分一致,有时出现不必要的重描和交叉笔画。

(3)对于冒充签字的原始凭证,其冒充签字常常在笔迹熟练程度,字形、字的斜度、字体方向和形态,字与字、行与行的间隔,字的大小,压力轻重,字的基本结构等方面存在差异,有时可以通过肉眼观察发现。

(4)对于伪造的原始凭证可以通过对比原始凭证的防伪标志来鉴别。

对于以上四种舞弊手法,如属必要,可请公安部门运用特定的技术进行鉴别。

(5)凭证明显不规范,要素不全,经常缺少部分要素,其关键要素经常出现模糊,让人对其经济业务活动的全貌感到模糊。例如,购买办公用品(实为购买个人消费品)的假凭证,往往只注明"办公用品",而不注明到底购买了什么办公用品,其规格、型号、品种、数量如何。

(6)金额往往只有一个总数,而没有分项目的明细,经不起推敲。

(7)原始凭证的经手人经常含而不露,有时有名无姓或有姓无名,如果仔细追问很可能查无此人。

（8）原始凭证上的时间与业务活动发生的时间及以后的入账时间相距甚远。

（9）主要业务凭证与其他相关的凭证不配套，有时只有其中一部分，而没有另一部分。如销售货物只有销售发票而无发货单据、托运证明、出门单、结算凭证等。

（10）凭证的形式不符合规则，以非正规的票据凭证代替正规的原始凭证。例如，用货币收付凭证代替实物收付凭证，以自制凭证代替外来凭证，以非购销凭证代替购销凭证等。

另外，原始凭证的内容、结算方式、资金流向与对方单位等都可能存在着异常。

二、原始凭证审核结果的处理

《会计法》第 14 条规定，会计机构、会计人员必须按照国家统一的会计制度的规定对原始凭证进行审核，对不真实、不合法的原始凭证有权不予接受，并向单位负责人报告；对记载不准确、不完整的原始凭证予以退回，并要求按照国家统一的会计制度的规定更正、补充。

为了规范原始凭证的内容，明确相关人员的经济责任，防止利用原始凭证进行舞弊，经审核后的原始凭证应根据不同情况进行处理。

（1）对于完全符合要求的原始凭证，应及时据以编制记账凭证入账。

（2）对于真实、合法、合理但内容不够完整、填写错误的原始凭证，应退回给有关经办人员，由其负责将有关凭证补充完整、更正或重开后，再办理正式会计手续。其要求是：

① 原始凭证记载的各项内容均不得涂改。随意涂改的原始凭证是无效凭证，不能作为记账的依据。

② 原始凭证记载内容有错误的，应当由出具单位重开或者更正，也就是谁出具的原始凭证谁负责更正，在更正处必须加盖出具单位的印章。

③ 原始凭证金额有错误的，不得更正，只能重开。这是一项非常重要的规则。这样规定主要是因为原始凭证金额是原始凭证中最重要的一项内容，金额记载的是否清楚、准确，关系到对发生的经济业务事项的反映是否准确，对会计信息的质量有极大的影响，如果允许随意更改，容易造成舞弊。

（3）对于不真实、不合法的原始凭证，会计机构和会计人员有权不予接受，并向单位负责人报告。

三、原始凭证的其他事项

经审核无误的原始凭证可以作为记账依据登记入账，成为会计档案，具有法律效力。

（一）外来原始凭证遗失的处理

根据财政部《会计基础工作规范》第 55 条的规定，外来的原始凭证遗失，应当由原开出单位出具证明，证明经济业务的内容、原始凭证的号码、金额，证明必须加盖原开出凭证单位的公章。然后由接受凭证单位的会计机构负责人、会计主管人员和单位负责人办理批准手续，手续齐全后，才能代作原始凭证。

有些外来原始凭证遗失无法取得证明的，例如，飞机票、火车票等可以由当事人写出详细情况说明，然后由接受凭证单位的会计机构负责人、会计主管人员和单位负责人办理批准手续，手续齐全后，才能代作原始凭证。

(二)原始凭证分割单的开具

一般情况下,记账凭证必须附有原始凭证并注明张数。原始凭证的张数按自然张数计算(原始凭证汇总表应计算在内,原始凭证粘贴纸不应计算)。

如果一张原始凭证涉及几张记账凭证,可以把原始凭证附在一张主要的记账凭证后面,并在其他记账凭证上注明附有该原始凭证的记账凭证的编号或者附原始凭证复印件。

一张原始凭证所列支出需要几个单位共同负担的,应当将其他单位负担的部分,开给对方原始凭证分割单,进行结算。原始凭证分割单必须具备原始凭证的基本内容:凭证名称,填制凭证日期,填制凭证单位名称或者填制人姓名,经办人的签名或者盖章,接受凭证单位名称,经济业务内容、数量、单价、金额和费用分摊情况等。原始凭证分割单格式,如表3-8所示。

表3-8 原始凭证分割单

原始凭证分割单(A)

凭证分割名称:　　　　　　分割日期:　　　　　　单位:元

序号	分割类别	填制凭证单位名称	经济业务内容	分割前总额	接受分割单单位名称	单位	分割量	单价	分割金额	备注
1										
2										
3										
4										
5										
6										
7	分割金额合计大写									

说明:本分割单一式两份,填制单位一份,接受单位一份。

填制人:　　　　　　　　经办人:　　　　　　　　接受人:

知识链接3-3

检查原始凭证的方法

检查原始凭证的方法很多,常用的方法是利用查账人员的经验,对凭证中所列各要素进行审阅,视其是否存在异常之处,发现其中可能存在的错弊;或将原始凭证所反映的经济业务与实际情况进行比较,视其是否存在差异并分析差异的性质和原因;或者将不同时期同类原始凭证上的相同要素进行对比分析,寻找其中存在的明显变化,分析其是否具有业务依据和正当缘由。

原始凭证数量繁多,来源各异,查账人员不可能对其进行全面检查,常见的形式是采取抽样检查法,即按照一定标志和规律,从凭证总体中抽出其中一部分进行检查,并以此推断总体特性。

在原始凭证的检查中,审阅法和抽样法在诸多查账方法中居主导地位,常常为查账人员首选。另外,查账人员对原始凭证进行分析,还可以使用复核法(对原始凭证所记录反映的有关数据资料进行重复验算)、核对法(主要指账证核对,即将记账凭证与所附原始凭证进行核对)、推测和判断(对原始凭证所反映的经济业务进行合理假设,并据以判断其结果,特别是在发现凭证不能反映经济业务真实面貌时)、询问与函证法(对有关实物进行审查盘点,以证明原始凭证所记录的数量和金额的正确性)、实物鉴定法(对有疑问的原始凭证,如其真实性存在问题,是否被篡改等,请有关专家对其进行鉴定,以鉴别其真实性和合法性,其主要方法有物理鉴定、化学鉴定和法律鉴定)等。

【案例3-3】 小蒋最近比较烦恼,买了保险竟然无法理赔,与保险公司起了小冲突。2015年,小蒋与保险公司签订了一份人寿保险及附加住院医疗补偿保险合同。2023年2月小蒋踢足球时不慎小腿骨裂。住院治疗用去医疗费3 850元人民币。在他申请理赔时,保险公司要求提供住院发票,但小蒋将一张原始发票弄丢了,保险公司要求小蒋提供其他证明。没有发票原件,申领理赔金的手续变得十分复杂。

分析:

为防止客户在不同保险公司重复理赔,原始住院发票就显得尤为重要。在理赔过程中,保险公司让客户提供保险发票主要有三个方面作用,一是证明保险事故的真实性,二是为确定保险理赔的具体金额,三是确定客户没有在其他保险公司获得保险金。因此发票是索赔的重要凭证。这样一个重要凭证丢失,保险公司就有可能会拒付保险金。

但对一些特殊情况会做特殊处理。如果客户能证明原始发票确是不慎弄丢,并提供保险事故真实性和保险金额准确性的证据,那保险公司还是会为客户理赔的。比如,原始发票在洗衣服时弄碎了,而客户能提供发票的碎票;原始发票被偷走,而客户能提供警方证明及其他途径未曾报销过的证明。

【本项目小结】

原始凭证的概念	原始凭证是在经济业务发生时取得或填制的,用来记录和说明经济业务的发生或完成情况,明确经济责任的一种原始书面凭证。它具有法律效力,是会计核算的原始凭据,如支票、发票、领料单等
原始凭证的种类	1. 按来源不同分类:外来原始凭证、自制原始凭证 2. 按填列手续和内容不同分类:一次凭证、累计凭证、汇总凭证 3. 按格式不同分类:通用凭证、专业凭证
原始凭证内容	凭证的名称;填制凭证的日期;接受凭证单位的名称;经济业务内容(含经济业务的数量、单价和金额);填制凭证单位盖章;有关人员签名或盖章;凭证附件等
原始凭证的填制	原始凭证的填制要求:记录要真实;内容要完整;手续要完备;书写要清楚、规范;编号要连续;印章要得当;不得涂改、刮擦、挖补;编制要及时

续 表

原始凭证审核的主要内容	审核原始凭证的真实性	1. 经济业务双方当事单位和当事人必须是真实的 2. 经济业务发生的时间、地点、填制凭证的日期必须是真实的 3. 经济业务的内容必须是真实的 4. 经济业务的"量"必须是真实的
	审核原始凭证的合法性	合法性审核是审核原始凭证所记载的经济业务是否符合有关财经纪律、法规、制度等的规定,有无违法乱纪行为,若有,应予揭露和制止,根据《会计法》的规定,对不真实、不合法的原始凭证,有权不予接受,并向单位负责人报告
	审核原始凭证的合理性	审核原始凭证所记载的经济业务是否符合厉行节约、反对浪费、有利于提高经济效益的原则
	审核原始凭证的完整性	1. 对于外来发票和收据,应注意凭证上单位名称、发票抬头、品名、计量单位、数量、单价、总金额等各项内容是否齐全,是否有单位财务专用章或发票专用章,是否有税务机关的发票监制章 2. 对于外来的原始凭证,本单位办理手续是否齐备 3. 对于自制的原始凭证,同样应审查填写是否齐全,有关人员是否签章,是否经有权批准人员批准等等
	审核原始凭证的正确性	1. 审核原始凭证在计算方面是否存在失误 2. 阿拉伯数字应分位填写,不得连写;小写金额前要标明"¥"字样,中间不能留有空位;大写金额前要加"人民币"字样,大写金额与小写金额要相符 3. 凭证内容书写错误的,应采用正确的方法更正,不能涂改、刮擦、挖补
	审核原始凭证的正确性	审核原始凭证的填制日期,是否经济业务发生或完成时及时填制,特别注意时效性较强的原始凭证,要审核签发日期,看看是否过期
原始凭证审核结果的处理		1. 对于完全符合要求的原始凭证,应及时据以编制记账凭证入账 2. 对于真实、合法、合理但内容不够完整、填写错误的原始凭证,应退回给有关经办人员,由其负责将有关凭证补充完成、更正或重开后,再办理正式会计手续 3. 对于不真实、不合法的原始凭证,会计机构和会计人员有权不予接受,并向单位负责人报告
原始凭证的其他事项	外来原始凭证遗失的处理	外来的原始凭证遗失,应当由原开出单位出具证明,加盖原开出凭证单位的公章。然后由接受凭证单位的会计机构负责人、会计主管人员和单位领导人办理批准手续,手续齐全后,才能代作原始凭证。有些外来原始凭证遗失无法取得证明的,由当事人写出详细情况说明,然后由接受凭证单位办理批准手续,手续齐全后,才能代作原始凭证

【课堂讨论】

自己或家人平时购物时,是否每次都向销售员索要销售凭证?没有取得购买凭证,在退换货时,遇到过哪些实际的困难?是如何解决的?学习本项目,对自己今后的经济活动带来哪些启示?

【复习思考题】

1. 简述原始凭证的基本内容。
2. 简述原始凭证审核的主要内容及原始凭证审核后的处理。
3. 到学校附近超市购物后,注意观察开票员如何开票,并按所学原始凭证填制和审核要求进行审核。

项目四
填制与审核记账凭证

【知识目标】

1. 掌握企业主要经济业务的核算。
2. 掌握记账凭证的种类、填制方法和审核方法。

【能力目标】

1. 能运用借贷记账法对企业的资金筹集业务进行核算。
2. 能运用借贷记账法对企业供应过程、生产过程、销售过程的业务进行核算。
3. 能运用借贷记账法对企业的利润确认及分配业务进行核算。
4. 能正确填制专用记账凭证和通用记账凭证。
5. 能审核记账凭证。

【素养目标】

1. 具有开展会计核算工作的能力,能坚持准则、不做假账,确保记账凭证信息的真实、正确、完整。
2. 具备良好的沟通能力和团队协作精神,确保会计凭证传递的及时性。

【案例导入】

安然公司和安达信会计师事务所在假账被曝光后暗中销毁凭证;银广夏天津公司1998年之前的财务资料丢失。

他们为什么要销毁凭证?

会计是如何记录企业的经济业务、准确反映企业的财务成果?

知识导图

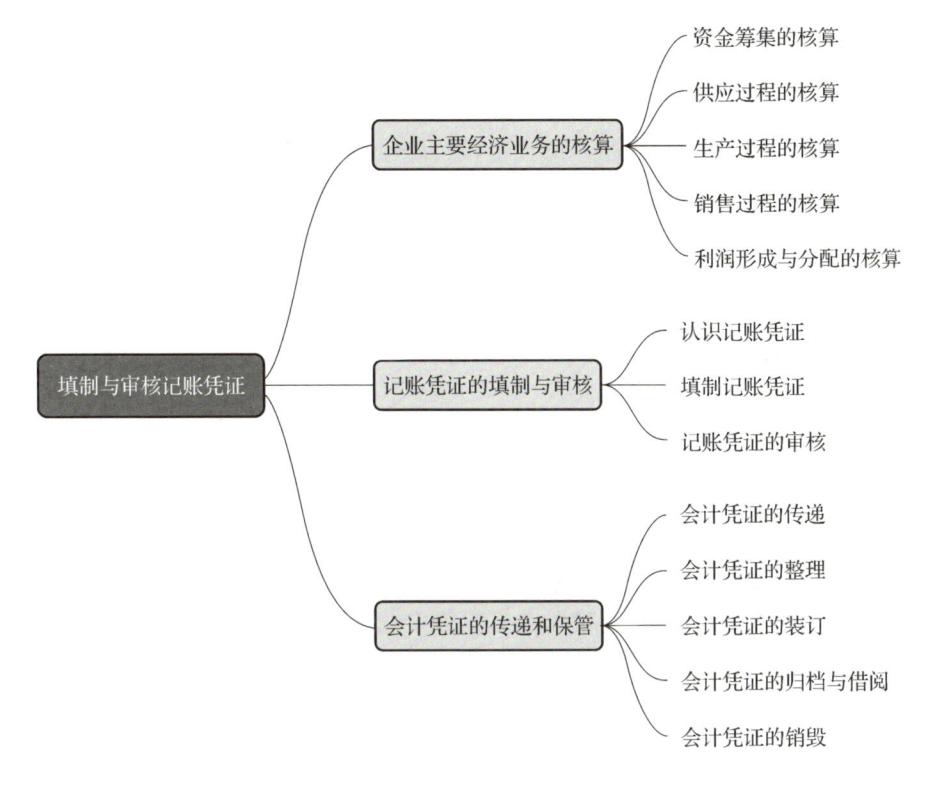

- 填制与审核记账凭证
  - 企业主要经济业务的核算
    - 资金筹集的核算
    - 供应过程的核算
    - 生产过程的核算
    - 销售过程的核算
    - 利润形成与分配的核算
  - 记账凭证的填制与审核
    - 认识记账凭证
    - 填制记账凭证
    - 记账凭证的审核
  - 会计凭证的传递和保管
    - 会计凭证的传递
    - 会计凭证的整理
    - 会计凭证的装订
    - 会计凭证的归档与借阅
    - 会计凭证的销毁

任务一 企业主要经济业务的核算

由于工业企业生产经营活动所发生的经济业务复杂、涉及面广、具有代表性,因此,以工业企业为例,结合项目二介绍的账户设置和复式记账,进一步阐述账户和借贷记账法的应用,以便于记账凭证的填制。

企业要从事生产经营活动,首先要筹集到一定数量的资金,筹集到资金后便可进行生产经营;工业企业的生产经营可分为三个过程,即材料供应过程、产品生产过程、产品销售过程,在这三个过程中,企业运用资金,同时发生资金的耗费,通过资金的收回,最终获得收益;最后企业要确认利润并进行利润分配。在生产经营过程中,会有一部分资金退出企业,剩余资金会继续留在企业,投入再生产。企业资金运动过程见项目一中的图 1-1。

一、资金筹集的核算

企业生产经营所需的资金,其主要来源渠道是投资者投入的和向金融机构等借入的,投资者投入的形成所有者权益,向金融机构等借入的形成负债。投资者投入的资本是企业在工商行政管理部门注册登记的资本金,是国家批准企业从事生产经营活动的首要条件。企业向金融机构借入的款项,不论期

企业筹集资金业务

限长短,都必须按期偿还,并按规定利率支付借款利息。

(一) 设置的账户

1."实收资本"账户

该账户属于所有者权益账户,用来核算企业实际收到投资者投入的资本变动情况(见图4-1)。贷方登记企业收到投资者投入的资本;借方登记按规定程序减少注册资本的数额;余额在贷方,表示企业实收资本总额。本账户应按投资者设置明细账。股份有限公司应将本账户改为"股本"账户。

借	实收资本	贷
按法定程序减少的资本数额	投资者投入的资本	
	实收资本总额	

图4-1 "实收资本"账户

2."资本公积"账户

该账户属于所有者权益类账户,用来核算企业取得的资本公积变动的情况(见图4-2)。贷方登记资本公积的增加数,借方登记资本公积的减少数,期末贷方余额表示资本公积的实有数额。

借	资本公积	贷
资本公积的减少数	资本公积的增加数	
	资本公积的实有数额	

图4-2 "资本公积"账户

3."短期借款"账户

该账户属于负债类账户,用来核算企业向银行或其他金融机构等借入的期限在1年以下(含1年)的各种借款(见图4-3)。贷方登记企业借入的各种短期借款;借方登记到期归还的借款;余额在贷方,表示企业尚未偿还的短期借款。

借	短期借款	贷
到期偿还的借款	借入的各种短期借款	
	尚未偿还的短期借款	

图4-3 "短期借款"账户

（二）资金筹集业务的核算

洪都设备制造有限公司 2022 年 12 月发生下列经济业务：

【例 4-1】 12 月 1 日，企业收到国家投资 400 000 元，存入银行。

分析：

这项经济业务，一方面使"银行存款"账户增加 400 000 元，另一方面使"实收资本"账户增加 400 000 元。"银行存款"账户属于资产类账户，增加记在借方，"实收资本"账户属于所有者权益类账户，增加记在贷方。这项经济业务应编制的会计分录如下：

  借：银行存款   400 000
    贷：实收资本   400 000

【例 4-2】 12 月 10 日，企业收到乙公司投入的设备一台，双方确认的价值为 200 000 元。

分析：

这项经济业务，一方面使"固定资产"账户增加 200 000 元，另一方面使"实收资本"账户增加 200 000 元。"固定资产"账户属于资产类账户，增加记在借方，"实收资本"账户属于所有者权益类账户，增加记在贷方。这项经济业务应编制的会计分录如下：

  借：固定资产   200 000
    贷：实收资本   200 000

【例 4-3】 12 月 15 日，向银行借入期限为六个月的借款 50 000 元，存入银行。

分析：

这项经济业务，一方面使"银行存款"账户增加 50 000 元，另一方面使"短期借款"账户增加 50 000 元。"银行存款"账户属于资产类账户，增加记在借方，"短期借款"账户属于负债类账户，增加记在贷方。这项经济业务应编制的会计分录如下：

  借：银行存款   50 000
    贷：短期借款   50 000

【例 4-4】 30 日，经批准将企业的资本公积 100 000 转增注册资本。

分析：

这项经济业务，一方面使"实收资本"账户增加 100 000 元，另一方面使"资本公积"账户减少 100 000 元。"实收资本"属于所有者权益类账户，增加记在贷方，"资本公积"账户属于所有者权益类账户，减少记在借方。这项经济业务应编制的会计分录如下：

  借：资本公积   100 000
    贷：实收资本   100 000

二、供应过程的核算

供应过程是生产经营过程的第一阶段，主要任务是采购材料为生产做准备。因此，核算的主要内容是购入材料，向供货单位支付材料价款、增值税及运输费、装卸费等各种采购费用，确定材料的采购成本，将材料验收入库形成生产储备。

供应过程

（一）设置的账户

1."在途物资"账户

该账户属于资产类账户，用以核算企业购入材料等物资的采购成本（见图4-4）。该账户的借方登记购入物资的采购成本，贷方登记已验收入库物资的采购成本，期末借方余额反映尚未验收入库的在途物资的成本。该账户应按供应单位和材料物资的品种设置明细账。

借	在途物资	贷
购入材料物资的买价和采购费用	验收入库材料物资的采购成本	
尚未验收入库的在途物资的成本		

图4-4 "在途物资"账户

2."原材料"账户

该账户属于资产类账户，用以核算企业库存的各种原材料的成本（见图4-5）。该账户的借方登记验收入库的各种原材料的成本，贷方登记发出原材料的成本，期末借方余额反映库存原材料的成本。该账户应按材料的品种、规格设置明细账。

借	原材料	贷
验收入库的原材料的成本	发出原材料的成本	
库存原材料的成本		

图4-5 "原材料"账户

3."应付账款"账户

该账户属于负债类账户，用以核算企业购买材料、商品和接受劳务供应等经营活动，应支付给供应单位的款项（见图4-6）。该账户的贷方登记企业购入材料、商品或接受劳务供应发生的应付而未付的应付账款，借方登记偿还的应付账款，期末贷方余额表示尚未支付的应付账款。该账户可按供应单位设置明细账。

借	应付账款	贷
偿还的应付账款	应付给供应单位的款项	
	尚未支付的应付账款	

图4-6 "应付账款"账户

4."应付票据"账户

该账户属于负债类账户,用以核算企业购买材料、商品和接受劳务供应等而开出、承兑的商业汇票(见图4-7)。该账户的贷方登记企业购入材料、商品或接受劳务供应而开出、承兑的商业汇票;借方登记汇票到期,支付的票款;期末贷方余额表示尚未到期而未支付的商业汇票。该账户可按供应单位设置明细账。

借	应付票据	贷
汇票到期,支付的票款	购买材料、商品或接受劳务而开出、承兑的商业汇票	
	尚未到期而未支付的商业汇票	

图4-7 "应付票据"账户

5."应交税费——应交增值税"账户

该账户属于负债类账户,用以核算企业按税法规定应交纳的增值税(见图4-8)。该账户的借方登记企业购进货物或接受应税劳务支付的进项税额和实际已交纳的增值税;贷方登记销售货物或提供应税劳务应收取的销项税额以及出口货物退税、转出已支付或分担的增值税;期末借方余额,反映企业多交或尚未抵扣的增值税;期末贷方余额,反映企业尚未交纳的增值税。该账户应分设"进项税额""销项税额""已交税金""出口退税""进项税额转出"等专栏进行明细核算。

借	应交税费——应交增值税	贷
购进货物或接受应税劳务支付的进项税额 实际交纳的税费	销售货物或提供应税劳务收取的销项税额等	
多交或尚未抵扣的增值税	尚未缴纳的增值税	

图4-8 "应交税费——应交增值税"账户

知识链接4-1

增 值 税

增值税是以商品(含应税劳务、应税行为)在流转过程中实现的增值额作为计税依据而征收的一种流转税。

增值额纳税人按其经营规模大小以及会计核算是否健全划分为一般纳税人和小规模纳税人。年销售额达到规定的标准,且会计核算健全的增值额纳税人为一般纳税人;否则,为小规模纳税人。

一般纳税人增值税税率分为:13%、9%、6%和零税率。

一般纳税人应纳税额计算公式:

应纳税额＝当期销项税额－当期进项税额

当期销项税额小于当期进项税额不足抵扣时,其不足部分可以结转下期继续抵扣。

销项税额是指纳税人销售货物或者应税劳务,按照销售额和税率计算并向购买方收取的增值税额。简单地说就是,销项税额＝销售额×税率。进项税额是指纳税人购进货物或者接受劳务所支付或者负担的增值税额。

对小规模纳税人实行简易办法征收增值税,征收率为3%,其进项税不允许抵扣。应纳税额计算公式:

应纳税额＝销售额×征收率

（二）供应过程的核算

【例4-5】 12月2日,洪都设备制造有限公司从新华工厂购买甲材料30 000千克,单价5元/千克,增值税专用发票注明买价150 000元,进项税额19 500元,对方代垫运费5 000元,增值税专用发票注明增值税450元,款项以银行存款支付,材料尚未运到。洪都设备制造有限公司是增值税一般纳税人。单据见原始凭证4-1至4-3。

江苏增值税专用发票 No 01323712

3220121620
01323712

开票日期：2022年12月02日

购货方	名　称：洪都设备制造有限公司 纳税人识别号：913601075677123491 地　址、电　话：南昌市阳明路300号 0791-8696000 开户行及账号：工行阳明路支行 60124357689	密码区	67/-3047/->59*<818<9 **-0><61>*7>/ 433>2*3-0+672<7 3220 1216201+<<51+ 41+>*>58*84　01　3237127658006<56+ *31/59>>45

货物或应税劳务、服务名称	规格型号	单位	数量	单价	金额	税率	税额
甲材料		千克	30 000	5.00	150 000.00	13%	19 500.00
合　　　计					￥150 000.00		￥19 500.00

价税合计（大写）	⊗ 壹拾陆万玖仟伍佰元整	（小写）￥169 500.00

销货方	名　称：南京市新华工厂 纳税人识别号：913201025061385792 地　址、电　话：南京市新华路2号 025-84441555 开户行及账号：南京市工行新华路支行 654343334566	备注	913201025061385792 发票专用章

收款人：李丽　　　复核：万晓　　　开票人：刘民　　　销货单位：（章）

原始凭证4-1 增值税专用发票

项目四　填制与审核记账凭证

江苏增值税专用发票　No 23703041

3201026570
3201026570
23703041

开票日期：2022 年 12 月 02 日

购货方	名　　　称：洪都设备制造有限公司 纳税人识别号：913601075677123491 地　址、电　话：南昌市阳明路 300 号 0791－8696000 开户行及账号：工行阳明路支行 60124357689	密码区	67/-3047-/59＊<818<9＊＊-0><61>＊7>/ 433>2＊3-0+672<7　3220 1216201+<<51+ 41+>＊＊>58＊84　01　3237127658006<56+ ＊31/59>>45

货物或应税劳务、服务名称 运费	规格型号	单位 千克	数量 30 000	单价 0.166 666 6	金额 5 000.00	税率 9%	税额 450.00
合　　　计					¥5 000.00		¥450.00

价税合计（大写）	⊗伍仟肆佰伍拾元整	（小写）¥5 450.00

销货方	名　　　称：南京联合运输有限公司 纳税人识别号：913201025376804896 地　址、电　话：南京市中山路 136 号 025－86115086 开户行及账号：南京市工行中山路支行 213256734579

收款人：李娜　　　复核：王山　　　开票人：涂萍　　　销货单位：（章）

原始凭证 4-2　增值税专用发票

中国工商银行　电汇凭证（回单）　　1

☑普通　□加急　　委托日期　2022 年 12 月 02 日

汇款人	全　称	洪都设备制造有限公司	收款人	全　称	南京市新华工厂
	账　号	60124357689		账　号	654343334566
	汇出地点	南昌		汇出地点	南京
	汇出行名称	工行阳明路支行		汇出行名称	工行新华路支行

金额	人民币（大写）壹拾柒万肆仟玖佰伍拾元整	亿	千	百	十	万	仟	百	十	元	角	分
			¥	1	7	4	9	5	0	0	0	

支付密码

附加信息及用途：支付购料款

汇出银行签章　　　复核　　　记账

原始凭证 4-3　中国工商银行电汇凭证

分析：

这项业务表明，企业购入的甲材料买价和运杂费共计 155 000 元，应计入"在途物资"账户的借方；同时支付的进项税额 19 950 元，应记入"应交税费——应交增值税（进项税额）"账户的借方；由于款项以银行存款支付，银行存款减少，应记入"银行存款"账户的贷方。作如下会计分录：

借：在途物资——甲材料　　　　　　　　　　　　　155 000
　　应交税费——应交增值税（进项税额）　　　　　 19 950
　贷：银行存款　　　　　　　　　　　　　　　　　　174 950

【例 4-6】　12 月 5 日，洪都设备制造有限公司从新华工厂购入的甲材料运到，验收入库，结转其实际采购成本。单据见原始凭证 4-4。

收　料　单

供应单位：新华工厂　　　　　　　2022 年 12 月 5 日　　　　　　　　金额单位：元
材料类别：原料及主要材料　　　　　　　　　　　　　　　　　　　　收料仓库：2 号

材料名称	规格	计量单位	数量		发票金额		运杂费	实际成本		二联记账联
			应收	实收	单价	金额		单价	金额	
甲材料		千克	30 000	30 000	5.00	150 000.00	5 000.00	5.17	155 000.00	
备注								合计	¥155 000.00	

保管员：王立　　　　　　材料会计：赵明　　　　　　验收人：柳涛　　　　　　交料人：李强

原始凭证 4-4　收料单

分析：

这项业务表明，甲材料已验收入库，按材料的实际成本，应记入"原材料"账户的借方，"在途物资"账户减少，应记在贷方。作如下会计分录：

借：原材料——甲材料　　　　　　　　　　　　　　155 000
　贷：在途物资——甲材料　　　　　　　　　　　　 155 000

【例 4-7】　12 月 7 日，洪都设备制造有限公司从荣昌工厂购进乙材料 10 000 千克，单价 4 元/千克，增值税专用发票注明买价 40 000 元，进项税额 5 200 元，供方代垫运费 1 000 元，增值税专用发票注明增值税 90 元，款未付。单据见原始凭证 4-5 至 4-7。

江西增值税专用发票 No 21567859

3600121570
3600121570
21567859

开票日期：2022 年 12 月 07 日

购货方	名　　称：洪都设备制造有限公司 纳税人识别号：913601075677123491 地　址、电　话：南昌市阳明路 300 号 0791-8696000 开户行及账号：工行阳明路支行 60124357689	密码区	07/-3947/->59*<818<9 ** -0><56>*7/ 933>2*3-0+672<7　36001215701+-<<51+ 41+>**>58*8460 21　5678597958765<56+* 31/58>>00

货物或应税劳务、服务名称	规格型号	单位	数量	单价	金额	税率	税额
乙材料		千克	10 000	4.00	40 000.00	13%	5 200.00
合　　　计					¥ 40 000.00		¥ 5 200.00

价税合计（大写）	⊗ 肆万伍仟贰佰元整	（小写）¥45 200.00

销货方	名　　称：南昌市荣昌工厂 纳税人识别号：913601074301557607 地　址、电　话：南昌市紫阳大道 112 号 0791-88146575 开户行及账号：南昌市工行紫阳大道支行 88672354616	备注	（南昌市荣昌工厂 913601074301557607 发票专用章）

收款人：万强　　复核：占蓉　　开票人：王立　　销货单位：（章）

原始凭证 4-5　增值税专用发票

江西增值税专用发票 No 00233041

3601033370
3601033370
00233041

开票日期：2022 年 12 月 07 日

购货方	名　　称：洪都设备制造有限公司 纳税人识别号：913601075677123491 地　址、电　话：南昌市阳明路 300 号 0791-8696000 开户行及账号：工行阳明路支行 60124357689	密码区	07/-3947/->59*<818<9 ** -0><56>*7/ 933>2*3-0+672<7　36001215701+-<<51+ 41+>**>58*8460　215678597958765<56+ *31/58>>00

货物或应税劳务、服务名称	规格型号	单位	数量	单价	金额	税率	税额
运费		千克	10 000	0.10	1 000.00	9%	90.00
合　　　计					¥ 1 000.00		¥ 90.00

价税合计（大写）	⊗ 壹仟零玖拾元整	（小写）¥ 1 090.00

销货方	名　　称：南昌宏泰运输有限公司 纳税人识别号：913601243678270985 地　址、电　话：南昌市高新大道 96 号 0791-82117796 开户行及账号：南昌市工行高新大道支行 56872314324	备注	（南昌宏泰运输有限公司 913601243678270985 发票专用章）

收款人：严民　　复核：余嘉　　开票人：王明　　销货单位：（章）

原始凭证 4-6　增值税专用发票

收 料 单

2022 年 12 月 7 日

供应单位:南昌市荣昌工厂　　　　　　　　　　　　　　　　金额单位:元
材料类别:原料及主要材料　　　　　　　　　　　　　　　　收料仓库:3 号

材料名称	规格	计量单位	数量		发票金额		运杂费	实际成本		二联记账联
			应收	实收	单价	金额		单价	金额	
乙材料		千克	10 000	10 000	4.00	40 000.00	1 000.00	4.10	41 000.00	
备注								合计	¥ 41 000.00	

保管员:王立　　　　材料会计:赵明　　　　验收人:柳涛　　　　交料人:李强

原始凭证 4-7　收料单

分析:

该项业务表明,企业购入乙材料的买价和运杂费共计 41 000 元构成材料采购成本,材料已验收入库,应记入"原材料"账户的借方;同时支付的进项税额 5 290 元,应记入"应交税费——应交增值税(进项税额)"账户的借方;由于款未付,应记入"应付账款"账户的贷方。作如下会计分录:

　　借:原材料——乙材料　　　　　　　　　　　　　　　41 000
　　　　应交税费——应交增值税(进项税额)　　　　　　　 5 290
　　　　贷:应付账款——荣昌工厂　　　　　　　　　　　　　　46 290

【例 4-8】 12 月 10 日,洪都设备制造有限公司以银行存款归还荣昌工厂乙材料款项 46 290 元。单据见原始凭证 4-8。

ICB 中国工商银行

网上银行转账凭证(付账通知)

记账日期:2022-12-10　　　　　　检:202212104687

付款人户名:洪都设备制造有限公司　　付款人账号:60124357689
收款人户名:南昌市荣昌工厂　　　　　收款人账号:88672354616

金额:人民币(大写)肆万陆仟贰佰玖拾元整　　¥ 46 290.00

付款行行名:工行南昌阳明路支行
收款行行名:工行南昌紫阳大道支行
用途:货款

卡号:　　　　　　　　　　　　　　　　打印时间:2022-12-10　10:25
银行验证码　43689026791　　　　　　　打印方式:柜面打印　　已打印次数 1 次
地区号:1502　　网点号:150467　　　　授权柜员号:　　　　　设备编号:D0102823

原始凭证 4-8　网上银行转账凭证(付账通知)

分析:

这项业务表明,企业以银行存款支付了所欠荣昌工厂款项,使应付账款减少,应记入"应付账款"账户的借方和"银行存款"账户的贷方。作如下会计分录:

借:应付账款——荣昌工厂　　　　　　　　　　　　46 290
　　贷:银行存款　　　　　　　　　　　　　　　　　　46 290

(三) 材料采购成本的计算

材料采购成本是指为采购材料而发生的各项费用,由材料的买价和采购费用组成。

$$材料采购成本 = 材料的买价 + 采购费用$$

材料的买价是指企业向供应单位按照发票价格支付的货款,它是采购成本的重要组成部分。采购费用是指自供应单位运到企业的各项运杂费(包括运输费、装卸费、搬运费、保险费、包装费、仓储费等)、运输途中的合理损耗、入库前的挑选整理费、其他按规定应计入材料采购成本的各种税费等。

采购成本的计算,以各种外购材料的品种作为成本计算对象,归集和分配材料采购过程中所发生的费用,并按成本项目计算各种材料的实际采购总成本和单位成本。对于发生的费用,能分清由哪种材料负担的,直接计入该种材料的采购成本;不能分清由哪种材料负担的共同费用,应按一定的标准分配后计入有关材料的采购成本。分配标准主要有重量、买价等。

现举例说明采购成本的计算方法。

【例 4-9】 12 月 12 日,洪都设备制造有限公司从欣欣工厂购入丙、丁两种材料,丙材料 4 000 千克,每千克 3 元,丁材料 6 000 千克,每千克 2 元,增值税进项税为 3 120 元,采购过程中共发生运输费 800 元,增值税进项税为 72 元,装卸费 720 元。货款及运杂费开出期限为三个月,票面金额 28 712 元的不带息商业汇票一张,材料已验收入库。按材料重量比例分配运输费,按买价比例分配装卸费,计算丙、丁材料的采购成本。(单据略)

$$运费的分配率 = \frac{800}{4\,000 + 6\,000} = 0.08(元/千克)$$

丙材料应负担的运输费 = $4\,000 \times 0.08 = 320$(元)

丁材料应负担的运输费 = $6\,000 \times 0.08 = 480$(元)

$$装卸费的分配率 = \frac{720}{4\,000 \times 3 + 6\,000 \times 2} = 0.03(元/千克)$$

丙材料应负担的装卸费 = $4\,000 \times 3 \times 0.03 = 360$(元)

丁材料应负担的装卸费 = $6\,000 \times 2 \times 0.03 = 360$(元)

丙材料采购成本 = 买价 + 运输费 + 装卸费
　　　　　　　= $4\,000 \times 3 + 320 + 360 = 12\,680$(元)

丁材料采购成本 = 买价 + 运输费 + 装卸费
　　　　　　　= $6\,000 \times 2 + 480 + 360 = 12\,840$(元)

作如下会计分录:

借:原材料——丙材料　　　　　　　　　　　　　　　　　　12 680
　　　　——丁材料　　　　　　　　　　　　　　　　　　12 840
　　应交税费——应交增值税(进项税额)　　　　　　　　　3 192
　　贷:应付票据　　　　　　　　　　　　　　　　　　　　28 712

材料采购成本计算表如表4-1所示。

表4-1　材料采购成本计算表

单位:元

项目	丙材料(4 000千克)		丁材料(6 000千克)	
	总成本	单位成本	总成本	单位成本
买价	12 000	3.00	12 000	2.00
运输费	320	0.08	480	0.08
装卸费	360	0.09	360	0.06
合计	12 680	3.17	12 840	2.14

三、生产过程的核算

在产品生产过程中,劳动者借助于劳动资料对劳动对象进行加工,制造出能够满足社会需要的产品。因此,生产过程既是产品的生产过程,又是物化劳动和活劳动的耗费过程。企业在产品生产过程中要发生各种材料费用、固定资产折旧费用、工人和管理人员的工资费用以及与物化劳动和活劳动有关的其他各种费用,这些费用有的与生产产品直接相关,属于生产费用,要按照产品的种类进行归集和分配,计算产品的生产成本;有的与生产产品没有直接关系,应作为期间费用,直接计入当前损益,不构成产品的生产成本。

生产费用按其经济用途,可分为直接材料、直接人工和制造费用等成本项目。

(一)设置的账户

1."生产成本"账户

该账户属于成本类账户,用以核算企业为进行产品生产而发生的各项生产费用(见图4-9)。其借方登记为进行产品生产而发生的各种费用,包括直接材料费、直接人工费和月末转入的制造费用;贷方登记已生产完工并验收入库的产成品的成本;期末借方余额反映尚未完工的在产品成本。为了具体核算每种产品的生产成本,在"生产成本"账户下还应按成本核算对象即产品的品种或类别设明细账,并按照规定的成本项目设置专栏进行明细核算。

借	生产成本	贷
生产产品直接耗用的材料费和人工费 月末分配转入的制造费用		已生产完工并验收入库的产成品的成本
尚未完工的在产品成本		

图4-9　"生产成本"账户

2."制造费用"账户

该账户属于成本类账户,用来核算生产车间为生产产品、提供劳务而发生的各项间接费用(见图 4-10)。其借方登记车间发生的各项间接费用;贷方登记月末分配转入"生产成本"账户的费用;结转后期末无余额。该账户应按不同的车间、部门设置明细账,按费用项目设专栏,进行明细核算。

借	制造费用	贷
车间发生的各项间接费用		月末分配转入"生产成本"账户的费用

图 4-10 "制造费用"账户

3."管理费用"账户

该账户属于损益类账户,用来核算行政管理部门为组织和管理企业的经营活动而发生的各项费用(见图 4-11)。其借方登记企业发生的各项管理费用,贷方登记期末转入"本年利润"账户的管理费用,结转后该账户无余额。该账户应按费用项目设置明细账,进行明细核算。

借	管理费用	贷
企业发生的各项管理费用		期末转入"本年利润"账户的管理费用

图 4-11 "管理费用"账户

4."财务费用"账户

该账户属于损益类账户,用来核算企业为筹集生产经营所需资金而发生的费用,包括利息支出、汇兑损益以及相关的手续费等(见图 4-12)。其借方登记发生的财务费用,贷方登记期末转入"本年利润"账户的财务费用,结转后该账户无余额。该账户应按费用项目设置明细账,进行明细核算。

借	财务费用	贷
发生的财务费用		期末转入"本年利润"账户的财务费用

图 4-12 "财务费用"账户

5."应付职工薪酬"账户

该账户属于负债类账户,用来核算企业应付给职工的各种薪酬,包括工资、奖金、津贴、福利费、社会保险费、住房公积金、工会经费等(见图 4-13)。其借方登记实际支付的工资、奖金、津贴、福利费等,贷方登记本月应付的职工薪酬,期末贷方余额反映尚未支付的职工薪酬。该账户可按"工资""职工福利""社会保险费""住房公积金""工会经费""职工教育经费"等进行明细核算。

借	应付职工薪酬	贷
实际支付的工资、奖金、津贴、福利费等	应付的职工薪酬	
	尚未支付的职工薪酬	

图 4-13 "应付职工薪酬"账户

6. "应付利息"账户

该账户属于负债类账户,它是核算企业应付的利息费用(见图 4-14)。其借方登记实际支付的利息;贷方登记本月应付的利息;期末贷方余额,反映企业应付未付的利息。该账户可按存款人或债权人进行明细核算。

借	应付利息	贷
实际支付的利息	应付的利息	
	应付而未付的利息	

图 4-14 "应付利息"账户

7. "累计折旧"账户

该账户属于资产类账户,也是固定资产的调整账户,用来核算固定资产累计损耗的价值(见图 4-15)。其借方登记折旧额的减少,即各种原因减少固定资产(如出售、报废、盘亏等)而注销的折旧;贷方登记固定资产折旧的提取数等;期末贷方余额,表示现有固定资产累计提取的折旧。

借	累计折旧	贷
减少固定资产而注销的折旧额	计提的固定资产的折旧额	
	固定资产累计提取的折旧	

图 4-15 "累计折旧"账户

8. "库存商品"账户

该账户属于资产类账户,用来核算库存的各种商品、产品成本(见图 4-16)。其借方登记验收入库商品的成本,贷方登记发出商品的成本,期末借方余额反映企业库存商品的成本。该账户应按商品的品种、规格等设置明细账。

借	库存商品	贷
验收入库商品的成本	发出商品的成本	
库存商品的成本		

图 4-16 "库存商品"账户

9. "预付账款"账户

该账户属于资产类账户,用来核算企业按照合同规定预付的款项(见图 4-17)。借方登记按照合同规定预付的款项和补付的款项;贷方登记收到所购物资冲销的预付账款和退回多付的款项;期末借方余额,反映企业实际预付的款项;期末如为贷方余额,反映企业尚未补付的款项。企业可按照供应单位设置明细账。

借	预付账款	贷
预付的款项 补付的款项	收到所购物资冲销的预付账款 退回多付的款项	
企业实际预付的款项	企业尚未补付的款项	

图 4-17 "预付账款"账户

(二)生产过程的核算

1. 领用材料的核算

【例 4-10】 12 月 12 日,洪都设备制造有限公司仓库发出下列材料,单据见原始凭证 4-9。

发出材料汇总表

2022 年 12 月 12 日 单位:元

材料种类	领用部门及用途				合 计
	A 产品	B 产品	车间一般耗用	管理部门	
甲材料	55 000				55 000
乙材料		41 000			41 000
丙材料	6 220				6 220
丁材料		4 220	1 055	511	5 786
合 计	61 220	45 220	1 055	511	108 006

原始凭证 4-9 发出材料汇总表

分析:

这项业务表明,仓库发出材料使库存材料减少,应记入"原材料"账户的贷方,同时应分别不同的用途记入相应账户的借方,其中直接用于产品生产的应直接记入"生产成本"账户的借方,车间一般耗用的材料应记入"制造费用"账户的借方,管理部门耗用的材料应记入"管理费用"账户借方。作如下会计分录:

借:生产成本——A 产品　　　　　　　　　　　61 220
　　　　　　——B 产品　　　　　　　　　　　45 220
　　制造费用　　　　　　　　　　　　　　　　 1 055
　　管理费用　　　　　　　　　　　　　　　　 511

贷:原材料——甲材料		55 000
——乙材料		41 000
——丙材料		6 220
——丁材料		5 786

2. 工资及社会保险费的核算

【例 4-11】 12 月 15 日,公司用银行存款 40 000 元发放本月职工工资。单据见原始凭证 4-10 至 4-12。

中国工商银行
转账支票存根

10204567

00657410

附加信息 _____

_____

出票日期 2022 年 12 月 15 日

收款人:	洪都设备制造有限公司
金 额:	￥40 000.00
用 途:	发放工资
备 注:	

单位主管 张红   会计 孙义

原始凭证 4-10 转账支票存根

ICBC 中国工商银行   进账单(回 单)1

2022 年 12 月 15 日

出票人	全 称	洪都设备制造有限公司	收款人	全 称	洪都设备制造有限公司
	账 号	60124357689		账 号	60124357689-22
	开户银行	工行阳明路支行		开户银行	工行阳明路支行
金额	人民币(大写)	肆万元整	亿 千 百 十 万 千 百 十 元 角 分 ￥ 4 0 0 0 0 0 0 0		
票据种类	转账支票	票据张数	1		
票据号码	00657410				
		复核	记账	开户银行签章(章) 转讫(01) 2022.12.15	

此联是开户银行交给持(出)票人的回单

原始凭证 4-11 进账单(回单)

工资结算汇总表

单位:洪都设备制造有限公司　　　　　　2022 年 12 月 15 日

部门人员 类　　别		基本工资	经常性奖金	津贴补贴	应扣工资		应付工资	代扣款项	实发工资
					病假	事假			
生产车间	生产 A 产品人员	17 000	1 800	1 200			20 000		20 000
	生产 B 产品人员	8 000	1 200	800			10 000		10 000
	管理人员	2 600	200	200			3 000		3 000
	小计	27 600	3 200	2 200			33 000		33 000
企业管理人员		6 000	500	500			7 000		7 000
合　　计		33 600	3 700	2 700			40 000		40 000

记账:孙义　　　　　　　　　审核:郑涛　　　　　　　　制表:万民

原始凭证 4－12　工资结算汇总表

分析:

这项业务表明,银行存款减少,应记入"银行存款"账户的贷方;应付的职工薪酬减少,应记入"应付职工薪酬"账户的借方。作如下会计分录:

借:应付职工薪酬——工资　　　　　　　　　　40 000
　　贷:银行存款　　　　　　　　　　　　　　　　　40 000

【例 4－12】 12 月 15 日,以银行存款向社会保险经办机构缴纳职工社会保险费 8 800 元。(单据略)

分析:

该项业务表明,应付职工薪酬减少,应记入"应付职工薪酬"账户的借方;银行存款减少,应记入"银行存款"账户的贷方。作如下会计分录:

借:应付职工薪酬——社会保险费　　　　　　8 800
　　贷:银行存款　　　　　　　　　　　　　　　　　8 800

【例 4－13】 12 月 31 日,根据工资汇总表,分配本月职工工资 40 000 元,其中,A 产品生产工人工资 20 000 元,B 产品生产工人工资 10 000 元,车间管理人员工资 3 000 元,企业行政管理部门人员工资 7 000 元。单据见原始凭证 4－13。

工资费用分配汇总表

2022 年 12 月 31 日

车间、部门		应分配金额
生产车间 人员工资	生产 A 产品	20 000
	生产 B 产品	10 000
	管理人员	3 000
	小计	33 000
	厂部管理人员	7 000
	合　计	40 000

原始凭证 4－13　工资费用分配汇总表

分析：

这项业务表明，工资是企业进行生产经营活动而发生的人工费用，增加的工资费用应按工资的用途进行分配。生产工人工资属直接费用，应记入"生产成本"账户的借方，车间管理人员工资应记入"制造费用"账户的借方，企业行政管理人员工资应记入"管理费用"账户的借方。由于计算分配工资使企业的负债应付职工薪酬增加，所以应记入"应付职工薪酬"账户的贷方。作如下会计分录：

借：生产成本——A产品　　　　　　　　　　　　20 000
　　　　　　——B产品　　　　　　　　　　　　10 000
　　制造费用　　　　　　　　　　　　　　　　 3 000
　　管理费用　　　　　　　　　　　　　　　　 7 000
　　贷：应付职工薪酬——工资　　　　　　　　　40 000

【例4-14】 12月31日，根据国家规定的计提标准，分别按工资总额的6%、16%计提职工医疗保险费和养老保险费。单据见原始凭证4-14至4-15。

医疗保险费计提表
2022年12月31日　　　　　　　　　　　　　　　　　　　　　　单位：元

部　门		工资总额	计提比例	计提金额
车间	A产品工人	20 000	6%	1 200
	B产品工人	10 000	6%	600
	管理人员	3 000	6%	180
	小计	33 000	6%	1 980
厂部管理人员		7 000	6%	420
合　计		40 000		2 400

原始凭证4-14　医疗保险费计提表

养老保险费计提表
2022年12月31日　　　　　　　　　　　　　　　　　　　　　　单位：元

部　门		工资总额	计提比例	计提金额
车间	A产品工人	20 000	16%	3 200
	B产品工人	10 000	16%	1 600
	管理人员	3 000	16%	480
	小计	33 000	16%	5 280
厂部管理人员		7 000	16%	1 120
合　计		40 000		6 400

原始凭证4-15　养老保险费计提表

分析：

企业计提的职工医疗保险费和养老保险费，一方面，作为应付职工薪酬的构成部分，贷记"应付职工薪酬"账户;另一方面根据职工提供服务的受益对象,分别计入产品生产成本或当期损益,其中生产工人的保险费记入"生产成本"账户的借方,车间管理人员的保险费记入"制造费用"账户的借方,行政管理部门人员的保险费记入"管理费用"账户的借方。作如下会计分录:

借:生产成本——A产品　　　　　　　　　　　　　4 400
　　　　　——B产品　　　　　　　　　　　　　2 200
　　制造费用　　　　　　　　　　　　　　　　　660
　　管理费用　　　　　　　　　　　　　　　　　1 540
　　贷:应付职工薪酬——社会保险费　　　　　　　　8 800

3. 其他支出的核算

【例4-15】 12月17日,企业行政管理部门购买办公用品582元,以银行存款支付。(单据略)

分析:

该项业务表明,企业管理部门发生的费用增加,应记入"管理费用"账户的借方;银行存款减少,记入"银行存款"账户的贷方。作如下会计分录:

借:管理费用　　　　　　　　　　　　　　　　　582
　　贷:银行存款　　　　　　　　　　　　　　　　582

【例4-16】 12月18日,采购员出差借差旅费2 000元,用现金支付。单据见原始凭证4-16。

借 款 单

2022年12月18日

部　门	供应科	借款事由	采购材料
借款金额	金额(大写)人民币贰仟元整	￥2 000.00	现金付讫
批准金额	金额(大写)人民币贰仟元整	￥2 000.00	
主管领导	周强	财务主管 张红	借款人 高明

原始凭证4-16　借款单

分析:

这项业务表明,借差旅费给采购员属于暂付款应通过"其他应收款"账户核算,记入"其他应收款"账户的借方;现金减少,应记入"库存现金"账户的贷方。作如下会计分录:

借:其他应收款——高明　　　　　　　　　　　　2 000
　　贷:库存现金　　　　　　　　　　　　　　　　2 000

【例4-17】 12月20日,用银行存款支付下年度财产保险费4 800元。(单据略)

分析:

这项业务表明,银行存款减少,应记入"银行存款"账户贷方;支付的财产保险费不属于本年度发生的费用,应由下年度各月分摊,在本年度记入"预付账款"账户的借方。作如下会计分录:

借:预付账款　　　　　　　　　　　　　　　　　4 800
　　贷:银行存款　　　　　　　　　　　　　　　　4 800

【例4-18】 12月27日,采购员出差回来,报销差旅费1 400元,交回现金600元。单据见原始凭证4-17至4-18,住宿费发票和火车票略。

差旅费报销单

2022 年 12 月 27 日

部门：供应科

姓名	高明		出差事由		采购材料		出差自 2022 年 12 月 19 日 至 2022 年 12 月 21 日				共 3 天	
起讫时间及地点				车船票		夜间乘车补助费		出差补助		住宿费	其他	
月	日	起	月	日	讫	类别	金额	时间	标准	金额	日数	标准	金额	金额	摘要	金额
12	19	南昌	12	19	上海	火车	239.00				3	100.00	300.00	622.00		
12	21	上海	12	21	南昌	火车	239.00									
			小 计				478.00						300.00	622.00		

合计金额（大写）：壹仟肆佰元整

备注：预借 2 000.00   核销 1 400.00   退补 600.00

单位领导：周强   财务主管：张红   审核：孙义   填报人：高明

附单据共叁张

原始凭证 4-17 差旅费报销单

统一收款收据（三联单）

2022 年 12 月 27 日

交款单位或交款人	高明	收款方式	现金
事由 报销差旅费，交回余款			备注： 核销 1 400.00 元 现金 600.00 元
金额（人民币大写）： 陆佰元整		￥600.00	
收款人：李敏		收款单位（盖章）	

（洪都设备制造有限公司 财务专用章）

现金收讫

第三联 记账依据

原始凭证 4-18 统一收款收据

分析：

这项业务表明，报销差旅费使管理费用增加，应记入"管理费用"账户的借方；交回现金使现金增加，应记入"库存现金"账户的借方；其他应收款减少，应记入"其他应收款"账户的贷方。作如下会计分录：

借：管理费用   1 400
　　库存现金   600
　　贷：其他应收款——高明   2 000

【例 4-19】 12 月 31 日，以银行存款支付本月水电费 6 200 元，增值税专用发票注明的增值税税额为 806 元。其中，属于生产车间使用的水电费 5 200 元，属于行政管理部门使用的水电费 1 000 元。（单据略）

分析：

这项业务表明，生产车间使用的水电费应记入"制造费用"账户的借方；行政管理部门使用的水电费,应记入"管理费用"账户的借方;支付的增值税应计入"应交税费——应交增值税(进项税额)"账户的借方;同时以银行存款支付的款项,应记入"银行存款"账户的贷方。作如下会计分录:

借:制造费用　　　　　　　　　　　　　　　　　5 200
　　管理费用　　　　　　　　　　　　　　　　　1 000
　　应交税费——应交增值税(进项税额)　　　　　806
　　贷:银行存款　　　　　　　　　　　　　　　　7 006

【例 4-20】 12 月 31 日,摊销由本月负担的财产保险费 400,其中生产车间负担 290 元,行政管理部门负担的 110 元。(单据略)

分析:

这项业务表明,生产车间本月负担的财产保险费,应记入"制造费用"账户的借方;行政管理部门使用的财产保险费,应记入"管理费用"账户的借方;而"预付账款"账户减少,记在贷方。作如下会计分录:

借:制造费用　　　　　　　　　　　　　　　　　290
　　管理费用　　　　　　　　　　　　　　　　　110
　　贷:预付账款　　　　　　　　　　　　　　　　400

4. 借款利息的核算

【例 4-21】 12 月 31 日,预提本月应负担的短期借款利息 1 200 元。(单据略)

分析:

这项业务表明,本月负担的利息使得本月财务费用增加,应记入"财务费用"账户借方;但该笔利息尚未实际支付,应付利息增加,应记入"应付利息"账户贷方。作如下会计分录:

借:财务费用　　　　　　　　　　　　　　　　　1 200
　　贷:应付利息　　　　　　　　　　　　　　　　1 200

5. 折旧的计提

固定资产折旧,是指固定资产由于使用和技术进步等原因逐渐损耗的价值。固定资产损耗的价值将通过计提折旧费的方式逐步转移到产品成本或期间费用中去,随着产品的销售,从取得的销售收入中得到补偿。由于"固定资产"账户始终反映企业现有固定资产的原值,以考核固定资产的原始投资规模,所以,固定资产价值的减少(即折旧的增加)不直接记入"固定资产"账户的贷方,而是通过设置"累计折旧"账户来反映,计提折旧记在"累计折旧"账户的贷方。

【例 4-22】 12 月 31 日,按规定计提本月固定资产折旧 9 505 元。其中,生产车间计提折旧费 7 000 元,企业行政管理部门计提折旧费 2 505 元。单据见原始凭证 4-19。

固定资产折旧计提表

2022 年 12 月 31 日　　　　　　　　　　　　　　　　　单位:元

部　　门	本月固定资产折旧费
生产车间	7 000
管理部门	2 505
合　　计	9 505

会计主管:张红　　　　　　　　　　　　　　　　　　制表:张义

原始凭证 4-19　固定资产折旧计提表

分析：

生产车间固定资产提取的折旧费，应记入"制造费用"账户借方，企业行政管理部门固定资产提取的折旧费用记入"管理费用"账户的借方，折旧增加记入"累计折旧"账户的贷方。应作如下会计分录：

　　借：制造费用　　　　　　　　　　　　　　　　　7 000
　　　　管理费用　　　　　　　　　　　　　　　　　2 505
　　　　贷：累计折旧　　　　　　　　　　　　　　　　　9 505

6. 制造费用的归集和分配

制造费用是企业各个生产单位（分厂、车间）为组织和管理生产所发生的各项费用，它属于生产产品的间接费用，最终由产品来负担。制造费用发生时先通过"制造费用"账户归集，月末再按一定的分配标准分配计入各种产品成本。这时，应将其从"制造费用"账户贷方转入"生产成本"账户的借方。制造费用的分配标准一般采用生产工人工资比例法、产品生产工时比例和机器工时比例法等。计算公式如下：

$$制造费用分配率 = \frac{制造费用总额}{各种产品的生产工人工资（或生产工人工时或机器工时）之和}$$

$$某种产品应分配的制造费用 = 该种产品的生产工人工资（或生产工人工时或机器工时） \times 制造费用分配率$$

【例 4-23】 12 月 31 日，按生产工人工资分配并结转本月制造费用。单据见原始凭证 4-20。

分析：

据上述经济业务登记制造费用明细账，见表 4-2。

表 4-2　制造费用明细账　　　　　　　　　　　　　　　　　单位：元

2022年		凭证号数	摘要	借方						贷方	余额
月	日			材料费	人工费	水电费	折旧费	其他	合计		
12	12		领用材料	1 055					1 055		
	31	略	分配工资		3 000				3 000		
	31		提取社会保险费		660				660		
	31		分配水电费			5 200			5 200		
	31		摊销保险费					290	290		
	31		计提折旧				7 000		7 000		
	31		分配制造费用							17 205	
	31		本月合计	1 055	3 660	5 200	7 000	290	17 205	17 205	0

制造费用明细账中归集的制造费用总额为 17 205 元，分配给 A、B 两种产品。现按生产工人工资分配如下：

$$制造费用分配率 = \frac{17\ 205}{20\ 000 + 10\ 000} = 0.573\ 5（元）$$

A 产品应分配的制造费用 = 20 000×0.573 5 = 11 470(元)
B 产品应分配的制造费用 = 10 000×0.573 5 = 5 735(元)
制造费用分配表如下,见原始凭证 4-20 所示。

制造费用分配表

2022 年 12 月 31 日 单位:元

产品名称	生产工人工资	分配率	分配金额
A 产品	20 000		11 470
B 产品	10 000		5 735
合　计	30 000	0.573 5	17 205

原始凭证 4-20　制造费用分配表

作如下会计分录:

借:生产成本——A 产品　　　　　　　　　　　　　　　　11 470
　　　　　　——B 产品　　　　　　　　　　　　　　　　　5 735
　贷:制造费用　　　　　　　　　　　　　　　　　　　　17 205

7. 产品成本的计算

产品生产成本是指生产企业为一定种类和一定数量的产品生产所发生的各项费用。主要成本项目有直接材料、直接人工和制造费用。生产费用通过归集和分配全部记入"生产成本"账户中。如果产品全部完工,则生产成本归集的生产费用就是完工产品成本;如果产品在某一时期内既有完工产品又有未完工产品,则生产成本归集的生产费用在完工产品与月末在产品之间进行分配。计算公式如下:

本期完工产品成本 = 期初在产品成本 + 本期的生产成本 - 月末在产品成本

【例 4-24】 12 月 31 日,计算并结转本月完工入库产品的生产成本。其中 A 产品 1 000 件全部完工,总成本 97 090 元;B 产品完工入库 1 000 件,完工总成本为 58 603 元,月末在产品 100 件,月末在产品成本按单位定额成本(直接材料 65 元、直接人工 14 元、制造费用 10 元)计算确定。B 产品月初在产品的成本为:直接材料 3 050 元、直接人工 798 元、制造费用 500 元。单据见原始凭证 4-21 至 4-22。

分析:

根据[例 4-10]至[例 4-22]经济业务登记"生产成本明细账"(见表 4-3、表 4-4),根据生产成本明细账的资料,编制产品成本计算表,计算完工产品总成本和单位成本(见原始凭证 4-21)。产品完工验收入库(见原始凭证 4-22),成为可供销售的商品,应将其生产成本从"生产成本"账户转入"库存商品"账户。作如下会计分录:

借:库存商品——A 产品　　　　　　　　　　　　　　　　97 090
　　　　　　——B 产品　　　　　　　　　　　　　　　　58 603
　贷:生产成本——A 产品　　　　　　　　　　　　　　　　97 090
　　　　　　——B 产品　　　　　　　　　　　　　　　　58 603

表 4-3 生产成本明细账

产品名称:A 产品　　　　　　　　　　　　　　　　　　　　　　　　　　　　　　　　　　　　　　单位:元

2022年		凭证号数	摘要	借方			合计
月	日			直接材料	直接人工	制造费用	
12	12		领用材料	61 220			61 220
	31	略	生产工人工资		20 000		20 000
	31		生产工人社会保险费		4 400		4 400
	31		分配制造费用			11 470	11 470
	31		生产费用合计	61 220	24 400	11 470	97 090
	31		结转完工产品成本	61 220	24 400	11 470	97 090

表 4-4 生产成本明细账

产品名称:B 产品　　　　　　　　　　　　　　　　　　　　　　　　　　　　　　　　　　　　　　单位:元

2022年		凭证号数	摘要	借方			合计
月	日			直接材料	直接人工	制造费用	
12	1		上月结转	3 050	798	500	4 348
12	12		领用材料	45 220			45 220
	31	略	生产工人工资		10 000		10 000
	31		生产工人社会保险费		2 200		2 200
	31		分配制造费用			5 735	5 735
	31		生产费用合计	48 270	12 998	6 235	67 503
	31		结转完工产品成本	41 770	11 598	5 235	58 603
	31		月末在产品成本	6 500	1 400	1 000	8 900

注意:在不允许用红字的情况下,可用 ☐ 表示红字,如 61 220 可写成 ⌈61 220⌋。

完工产品成本计算表

2022 年 12 月 31 日　　　　　　　　　　　　　　　　　　　　　　　　　　　　　　　　　　　　　单位:元

成本项目	A 产品(1 000 件)		B 产品(1 000 件)	
	总成本	单位成本	总成本	单位成本
直接材料	61 220	61.22	41 770	41.77
直接人工	24 400	24.40	11 598	11.598
制造费用	11 470	11.47	5 235	5.235
合　　计	97 090	97.09	58 603	58.603

原始凭证 4-21　完工产品成本计算表

产成品入库单

（记账联）

生产部门：　　　　　　　　2022 年 12 月 31 日　　　　　　　　NO.34563

编号	产品名称	规格	计量单位	检验结果		数量		单位成本	总成本
				合格	不合格	应收	实收		
	A 产品		件	1 000		1 000	1 000	97.09	97 090.00
	B 产品		件	1 000		1 000	1 000	58.603	58 603.00
合　　计						2 000	2 000		¥155 693.00

主管：李林　　　　　　记账：万明　　　　　　仓库保管：王红　　　　　　质量检测：唐云

原始凭证 4-22　产品入库单

四、销售过程的核算

销售过程是企业生产经营过程的最后阶段，其主要任务是将生产的产品出售，取得收入，使企业的生产耗费得到补偿，并实现企业的经营目标。因此，销售过程核算的主要内容是：销售产品确认实现的销售收入；与购货单位办理货款的结算；支付各项销售费用；结转已销产品的销售成本；计算应缴纳的营业税金及附加。此外，企业除销售产品外，还会发生一些其他的销售业务，如销售材料等。

销售业务流程

（一）设置的账户

1. "主营业务收入"账户

该账户属于损益类账户，用来核算企业销售商品、提供劳务等主要经营业务所取得的收入（见图 4-18）。其贷方登记实现的主营业务收入，借方登记期末转入"本年利润"账户的收入数额，期末结转后无余额。该账户按主营业务的种类设置明细账。

借	主营业务收入	贷
期末转入"本年利润"账户的收入		销售产品等实现的主营业务收入

图 4-18　"主营业务收入"账户

2. "主营业务成本"账户

该账户属于损益类账户，用来核算企业销售商品、提供劳务等主要经营业务所发生的实际成本（见图 4-19）。借方登记已售商品、提供劳务等的实际成本，贷方登记期末转入"本年利润"账户的数额；期末结转后无余额。该账户按主营业务的种类设置明细账。

借	主营业务成本	贷
已售商品、提供劳务等的实际成本		期末转入"本年利润"账户的主营业务成本

图 4-19 "主营业务成本"账户

3."税金及附加"账户

该账户属于损益类账户。用来核算企业经营活动发生的消费税、资源税、城市维护建设税和教育费附加等相关税费(见图 4-20)。该账户借方登记按税法规定计算确定的与经营活动相关的税费,贷方登记期末转入"本年利润"账户的数额,结转后该账户无余额。

借	税金及附加	贷
计算出与经营活动相关的税金及附加		期末转入"本年利润"账户的营业税金及附加

图 4-20 "税金及附加"账户

4."其他业务收入"账户

该账户属于损益类账户,用来核算企业除主营业务以外的其他经营活动实现的收入,如销售材料、无形资产使用权转让、固定资产出租、包装物出租等实现的收入(见图 4-21)。其贷方登记企业取得的其他业务收入,借方登记期末转入"本年利润"账户的数额,结转后该账户无余额。该账户应按其他业务的种类设置明细账。

借	其他业务收入	贷
期末转入"本年利润"账户的数额		实现的其他业务收入

图 4-21 "其他业务收入"账户

5."其他业务成本"账户

该账户属于损益类账户,用来核算企业确认的除主营业务活动以外的其他经营活动所发生的支出,包括销售材料、无形资产使用权转让、固定资产出租、包装物出租等而发生的相关成本费用(见图 4-22)。借方登记发生的其他业务成本,贷方登记期末转入"本年利润"账户的数额,结转后该账户无余额。该账户应按其他业务种类设置明细账。

借	其他业务成本	贷
发生的其他业务成本		期末转入"本年利润"账户的数额

图 4-22 "其他业务成本"账户

6. "销售费用"账户

该账户属于损益类账户,用来核算企业在销售商品、提供劳务的过程中所发生的各种费用,包括由售货方负担的运输费、装卸费、包装费、保险费、展览费、推销费、广告费以及专设销售机构的职工薪酬、业务费、折旧费等经营费用(见图4-23)。借方登记发生的销售费用,贷方登记期末转入"本年利润"账户的数额,期末结转后无余额。该账户应按费用项目设置明细账。

借	销售费用	贷
企业发生的各项销售费用		期末转入"本年利润"账户的销售费用

图4-23 "销售费用"账户

7. "应收账款"账户

该账户属于资产类账户,用来核算企业因销售商品、提供劳务等经营活动,应向购货单位或接受劳务单位收取的款项,包括应收的货款或劳务价款,应收的增值税销项税额,代垫的包装费、运杂费等(见图4-24)。借方登记应收账款增加,贷方登记应收账款减少,期末借方余额表示尚未收回的应收账款。该账户应按不同的购货单位或接受劳务的单位设置明细分类账户。

借	应收账款	贷
应收取的款项		已收回的款项
尚未收回的应收账款		

图4-24 "应收账款"账户

8. "应收票据"账户

该账户属于资产类账户,核算企业因销售商品、提供劳务等而收到的商业汇票,包括银行承兑汇票和商业承兑汇票(见图4-25)。其借方登记企业收到的商业汇票的票面金额,贷方登记汇票到期收回票款或转销的金额,期末借方余额表示持有的商业汇票的票面金额。企业应设置"应收票据备查登记簿",逐笔登记每一张应收票据。

借	应收票据	贷
收到的商业汇票的票面金额		汇票到期收回的票款或转销的金额
持有的商业汇票的票面金额		

图4-25 "应收票据"账户

(二)销售过程主要经济业务的核算

【例4-25】 12月9日,向宏伟公司销售A产品400件,每件售价200元,计80 000元;B产品100件,每件售价120元,计12 000元;增值税专用发票注明增值税额11 960元。款项收到并存入银行。单据见原始凭证4-23至4-24。

原始凭证 4-23 增值税专用发票

江西增值税专用发票 No 13233722
3600123620
此联不作报销、扣税凭证使用
开票日期：2022年12月09日

购货方	名　　称：宏伟公司 纳税人识别号：913601079427561563 地址、电话：南昌市北京东路370号 0791-86209742 开户行及账号：工行北京路支行 68414188118	密码区	08/-4717/->59 * <818<9 ** -0><56>* 7 >/933>2 3-0+672<7　36001236201+-<<51 +41+> * > 58 * 8　13　2337227958765<607 <7876-7>>39

货物或应税劳务、服务名称	规格型号	单位	数量	单价	金额	税率	税额
A产品		件	400.00	200.00	80 000.00	13%	10 400.00
B产品		件	100.00	120.00	12 000.00	13%	1 560.00
合　计					¥92 000.00		¥11 960.00

价税合计(大写)	⊗ 壹拾万叁仟玖佰陆拾元整	(小写) ¥103 960.00

销货方	名　　称：洪都设备制造有限公司 纳税人识别号：913601075677123491 地址、电话：南昌市阳明路300号 0791-8696000 开户行及账号：工行阳明路支行 60124357689	备注	

收款人：李敏　　复核：张红　　开票人：孙义　　销货单位：(章)

原始凭证4-23　增值税专用发票

原始凭证 4-24 进账单（收账通知）

ICBC 中国工商银行　进账单（收账通知）3

2022年12月09日

出票人	全称	宏伟公司	收款人	全称	洪都设备制造有限公司
	账号	68414188118		账号	60124357689
	开户银行	工行北京路支行		开户银行	工行阳明路支行

金额	人民币 (大写)	壹拾万叁仟玖佰陆拾元整	亿 千 百 十 万 千 百 十 元 角 分 　　　　¥ 1 0 3 9 6 0 0 0

票据种类	转账支票	票据张数	1	
票据号码	00894265			

复核　　记账　　开户银行签章（章）

原始凭证4-24　进账单（收账通知）

分析：

这项业务表明，销售产品使企业的收入增加，应记入"主营业务收入"账户的贷方；应收取的增值税额(销项税额)记入"应交税费——应交增值税(销项税额)"账户的贷方；银行存款增加,记入"银行存款"账户借方。作如下会计分录：

借：银行存款　　　　　　　　　　　　　　　　103 960
　　贷：主营业务收入——A 产品　　　　　　　　80 000
　　　　　　　　　　——B 产品　　　　　　　　12 000
　　　　应交税费——应交增值税(销项税额)　　11 960

【例 4-26】 12 月 14 日,向红星公司销售 B 产品 500 件,每件售价 120 元,计 60 000 元,增值税专用发票注明增值税额 7 800 元,款项未收到。(单据略)

分析：

这项业务表明,销售产品使企业的收入增加,应记入"主营业务收入"账户贷方,应收取的增值税销项税额记入"应交税费——应交增值税(销项税额)"账户的贷方。款项尚未收到,应收账款增加,应记入"应收账款"账户的借方。作如下会计分录：

借：应收账款——红星公司　　　　　　　　　　67 800
　　贷：主营业务收入——B 产品　　　　　　　　60 000
　　　　应交税费——应交增值税(销项税额)　　 7 800

【例 4-27】 12 月 19 日,用银行存款支付广告费 6 000 元,增值税专用发票注明增值税 360 元。单据见原始凭证 4-25 至 4-27。

原始凭证 4-25　增值税专用发票

<table>
<tr><td colspan="2">中国工商银行
转账支票存根
10204567
00657411</td></tr>
<tr><td colspan="2">附加信息_____
_____</td></tr>
<tr><td colspan="2">出票日期 2022 年 12 月 19 日</td></tr>
<tr><td>收款人:</td><td>南昌市创新广告公司</td></tr>
<tr><td>金　额:</td><td>¥6 360.00</td></tr>
<tr><td>用　途:</td><td>支付广告费</td></tr>
<tr><td>备　注:</td><td></td></tr>
<tr><td colspan="2">单位主管　张红　　会计　孙义</td></tr>
</table>

原始凭证 4-26　转账支票存根

ICBC　中国工商银行　进账单（回　单）1

2022 年 12 月 19 日

<table>
<tr><td rowspan="3">出票人</td><td>全　称</td><td colspan="3">洪都设备制造有限公司</td><td rowspan="3">收款人</td><td>全　称</td><td colspan="10">南昌市创新广告公司</td></tr>
<tr><td>账　号</td><td colspan="3">60124357689</td><td>账　号</td><td colspan="10">79190450006</td></tr>
<tr><td>开户银行</td><td colspan="3">工行南昌市阳明路支行</td><td>开户银行</td><td colspan="10">工行南昌市北京东路支行</td></tr>
<tr><td rowspan="2">金额</td><td>人民币
(大写)</td><td colspan="3">陆仟叁佰陆拾元整</td><td>亿</td><td>千</td><td>百</td><td>十</td><td>万</td><td>千</td><td>百</td><td>十</td><td>元</td><td>角</td><td>分</td></tr>
<tr><td colspan="4"></td><td colspan="5">¥</td><td>6</td><td>3</td><td>6</td><td>0</td><td>0</td><td>0</td></tr>
<tr><td rowspan="2">票据种类</td><td>转账支票</td><td>票据张数</td><td>1</td><td colspan="12" rowspan="3">转讫（01）
2019.12.19</td></tr>
<tr><td>票据号码</td><td colspan="2">00657411</td></tr>
<tr><td colspan="4"></td></tr>
<tr><td colspan="4">　　　　复核　　　记账</td><td colspan="12">开户银行签章（章）</td></tr>
</table>

原始凭证 4-27　进账单(回单)

分析：

这项业务表明，企业的广告费增加，应记入"销售费用"账户借方；支付的进项税额应计入"应交税费——应交增值税(进项税额)"账户的借方；银行存款减少，应记入"银行存款"账户贷方。作如下会计分录：

借：销售费用——广告费　　　　　　　　　　　　　6 000
　　应交税费——应交增值税(进项税额)　　　　　　　360

贷：银行存款　　　　　　　　　　　　　　　　　　　　　　　　　6 360

【例 4-28】 12 月 20 日,销售甲材料 1 000 千克,每千克售价 7 元,增值税专用发票注明增值税额 910 元,款已收到,存入银行。(单据略)

分析：

这项业务表明,销售材料使其他业务收入增加,应记入"其他业务收入"账户贷方;应收取的增值税销项税额应记入"应交税费——应交增值税(销项税额)"账户的贷方;银行存款增加,应记入"银行存款"账户借方。作如下会计分录：

　　借：银行存款　　　　　　　　　　　　　　　　　　　　　　　　　7 910
　　　贷：其他业务收入　　　　　　　　　　　　　　　　　　　　　　 7 000
　　　　　应交税费——应交增值税(销项税额)　　　　　　　　　　　　 910

【例 4-29】 12 月 24 日,销售给恒达企业 A 产品 500 件,每件售价 200 元,计 100 000 元,增值税专用发票注明增值税额 13 000 元,收到期限 6 个月、票面金额 113 000 元的不带息商业汇票一张。(单据略)

分析：

这项业务表明,企业销售产品,收入增加应记入"主营业务收入"账户贷方;应收取的增值税销项税额应记入"应交税费——应交增值税(销项税额)"账户的贷方;收到商业汇票,应收票据增加,应记入"应收票据"账户的借方。作如下会计分录：

　　借：应收票据——恒达企业　　　　　　　　　　　　　　　　　　　113 000
　　　贷：主营业务收入——A 产品　　　　　　　　　　　　　　　　　 100 000
　　　　　应交税费——应交增值税(销项税额)　　　　　　　　　　　　 13 000

【例 4-30】 12 月 26 日,收到红星公司归还欠款 67 800 元,存入银行。单据见原始凭证 4-28。

ICBC　中国工商银行　进账单(收账通知)3

2022 年 12 月 26 日

出票人	全称	红星公司	收款人	全称	洪都设备制造有限公司
	账号	47614123115		账号	60124357689
	开户银行	工行北京路支行		开户银行	工行阳明路支行
金额	人民币(大写)	陆万柒仟捌佰元整	亿 千 百 十 万 千 百 十 元 角 分　¥ 6 7 8 0 0 0 0		
票据种类	转账支票	票据张数	1		
票据号码	13247860				
			复核　　记账	开户银行签章　(章)	

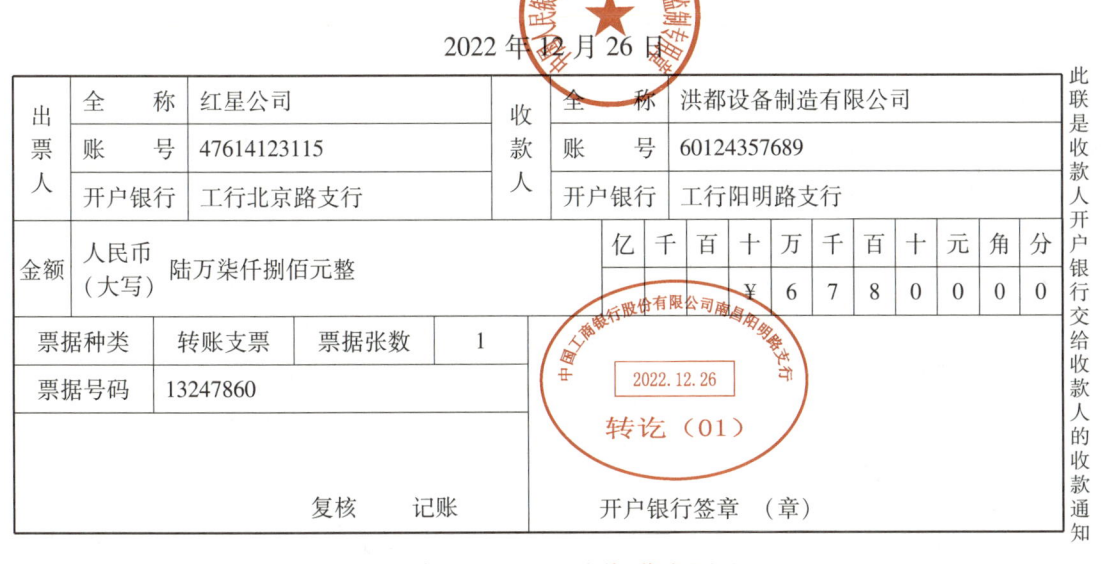

原始凭证 4-28　进账单(收账通知)

分析：

这项业务表明，企业收到应收的款项，银行存款增加，应收账款减少，应记入"银行存款"账户借方和"应收账款"账户贷方。作如下会计分录：

借：银行存款　　　　　　　　　　　　　　　　　　　　　　67 800
　　贷：应收账款——红星公司　　　　　　　　　　　　　　　　67 800

【例 4-31】 12 月 31 日，结转本月已销产品的成本。A 产品每件成本 97.97 元，B 产品每件成本 59.04 元。本月销售 A 产品 900 件，B 产品 600 件。单据见原始凭证 4-29 至 4-30 所示。

产成品出库单汇总表
2022 年 12 月 31 日

产品去向	产品名称	产品规格	计量单位	数量	单价	金额
销售	A 产品		件	900	97.97	88 173.00
	B 产品		件	600	59.04	35 424.00
合　　　计				1 500		¥123 597.00

会计主管：张红　　　　　　　　　　　　　　　　　　　　会计：万明

原始凭证 4-29　产成品出库单汇总表

已销商品成本计算表
2022 年 12 月 31 日

产品名称	计量单位	数　量	单位成本	金　额
A 产品	件	900	97.97	88 173
B 产品	件	600	59.04	35 424
合计		1 500		123 597

会计主管：张红　　　　　　　　　　　　　　　　　　　　制单：万明

原始凭证 4-30　已销商品成本计算表

分析：

这项业务表明，由于销售产品使企业库存的产品减少，已销产品的成本应从"库存商品"账户的贷方转入"主营业务成本"账户的借方。作如下会计分录：

借：主营业务成本——A 产品　　　　　　　　　　　　　　　88 173
　　　　　　　　——B 产品　　　　　　　　　　　　　　　35 424
　　贷：库存商品——A 产品　　　　　　　　　　　　　　　　88 173
　　　　　　　　——B 产品　　　　　　　　　　　　　　　　35 424

【例 4-32】 12 月 31 日，结转本月已销甲材料的成本 510 元。（单据略）

分析：

这项业务表明，由于销售使甲材料减少，而其他业务成本增加 510 元，已销材料的成本应从"原材料"账户贷方转入"其他业务成本"账户借方。作如下会计分录：

借:其他业务成本 510
　　贷:原材料——甲材料 510

【例4-33】 12月31日,经查本月"应交税费——应交增值税"账户借方栏"进项税额"为29 598元,贷方栏"销项税额"为33 670元,抵扣后本月增值税额为4 072元,按应交增值税额的7%提取城市维护建设税,按3%提取教育费附加。(单据略)

分析:

这项业务表明,企业提取城市维护建设税和教育费附加,应记入"税金及附加"账户的借方,已提取尚未缴纳的城市维护建设税和教育费附加,应记入"应交税费——城市维护建设税"账户和"应交税费——应交教育费附加"账户的贷方。作如下会计分录:

借:税金及附加 407.20
　　贷:应交税费——应交城市维护建设税 285.04
　　　　　　　　——应交教育费附加 122.16

五、利润形成和分配的核算

(一)利润的构成

利润是指企业在一定期间生产经营活动的最终成果,即收入与成本费用相抵后的差额,若大于零为盈利,小于零为亏损。用公式表示如下:

利润总额=营业利润+营业外收入-营业外支出

营业利润=营业收入-营业成本-税金及附加-销售费用-管理费用-研发费用-财务费用+
　　　　　其他收益+投资收益(或-投资损失)+净敞口套期收益(或-净敞口套期损失)+
　　　　　公允价值变动收益(或-公允价值变动损失)-信用减值损失-资产减值损失+
　　　　　资产处置收益(或-资产处置损失)

营业收入=主营业务收入+其他业务收入

营业成本=主营业务成本+其他业务成本

营业利润是企业生产经营活动所获得的利润,是利润总额的主要组成部分。除此之外,营业外收支净额也构成利润总额的一部分。营业外收支净额是指与企业生产经营没有直接关系的各种营业外收入减去营业外支出后的余额。企业应正确确认利润,以便真实反映企业的生产经营状况。

企业实现的利润应按税法规定缴纳所得税,所得税作为企业所得的一种耗费,应计入当期的损益。利润总额扣减所得税后的数额即为净利润。

净利润=利润总额-所得税费用

根据公司法的有关规定,企业对实现的净利润应按下列顺序进行分配:弥补以前年度亏损,提取法定盈余公积金,提取任意盈余公积金,向投资者分配利润。经过分配仍有余额,属于未分配利润,是企业留存收益的重要内容。

(二)利润形成及分配业务的账户设置

1. "营业外收入"账户

该账户属于损益类账户,用来核算企业确认的与其日常活动无直接关系的各种利得,如盘盈利得、接受捐赠、与企业日常活动无关的政府补助等(见图4-26)。贷方登记企业实现的营业外收入,借方登记期末转入"本年利润"账户的数额,结转后该账户无余额。该账户应按营业外收入项目设置明细账。

借	营业外收入	贷
期末转入"本年利润"账户的数额	实现的营业外收入	

图4-26 "营业外收入"账户

2."营业外支出"账户

该账户属于损益类账户,用来核算企业发生的与其日常活动无直接关系的各项损失,如固定资产盘亏、非流动资产毁损报废损失、非常损失、捐赠支出、罚款支出等(见图4-27)。借方登记企业发生的营业外支出,贷方登记期末转入"本年利润"账户的数额,结转后该账户无余额。该账户应按营业外支出项目设置明细账。

借	营业外支出	贷
发生的营业外支出	期末转入"本年利润"账户的数额	

图4-27 "营业外支出"账户

3."投资收益"账户

该账户属于损益类账户,用来核算企业对外投资取得的收入或发生的损失(见图4-28)。其贷方登记企业取得的投资收入和期末将净损失转入"本年利润"账户的数额,借方登记发生的投资损失和期末将净收益转入"本年利润"账户的数额,结转后该账户无余额。

借	投资收益	贷
发生的投资损失 期末将净收益转入"本年利润"账户的数额	取得的投资收入 期末将净损失转入"本年利润"账户的数额	

图4-28 "投资收益"账户

4."所得税费用"账户

该账户属于损益类账户,用来核算企业确认的应从当期利润总额中扣除的所得税费用(见图4-29)。其借方登记企业按照税法规定计算确定的当期所得税费用,贷方登记期末转入"本年利润"账户的所得税费用,结转后该账户无余额。

借	所得税费用	贷
计算确定的当期所得税费用	期末转入"本年利润"账户的所得税费用	

图4-29 "所得税费用"账户

5. "本年利润"账户

该账户属于所有者权益类账户,用来核算企业本年度实现的净利润(或发生的净亏损)(见图4-30)。其贷方登记期末从各损益类账户转入的收入数额;借方登记期末从各损益类账户转入的费用支出数额;平时若为贷方余额,表示截止至本期累计实现的净利润,若为借方余额,表示截止至本期累计发生的净亏损。年度终了,企业将本年实现的净利润(或净亏损)从该账户的借方(或贷方)转入"利润分配"账户,年终结转后本账户无余额。

借	本年利润	贷
从各损益类账户转入的费用支出数: "主营业务成本"转入数 "税金及附加"转入数 "其他业务成本"转入数 "财务费用"转入数 "管理费用"转入数 "销售费用"转入数 "营业外支出"转入数 "所得税费用"转入数		从各损益类账户转入的收入数: "主营业务收入"转入数 "其他业务收入"转入数 "投资收益"转入数 "营业外收入"转入数
发生的净亏损 年末,将本年实现的净利润转入"利润分配"账户		实现的净利润 年末,将本年发生的净亏损转入"利润分配"账户

图4-30 "本年利润"账户

6. "利润分配"账户

该账户属于所有者权益类账户,用来核算利润的分配(或亏损弥补)和历年分配(或弥补)后的结存余额(见图4-31)。其借方登记企业提取盈余公积、应付利润等利润的分配和从"本年利润"账户转入的亏损数额,贷方登记从"本年利润"账户转入的净利润数额和弥补亏损数额。年终余额如为贷方余额表示累计尚未分配的利润,如为借方余额表示未弥补的亏损数额。该账户一般应设置"盈余公积补亏""提取法定盈余公积""提取任意盈余公积""应付现金股利或利润""未分配利润"等明细账。

借	利润分配	贷
利润的分配数 从"本年利润"账户转入的亏损数		从"本年利润"账户转入的全年实现的净利润 弥补亏损数额
未弥补的亏损数额		累计尚未分配的利润

图4-31 "利润分配"账户

7. "盈余公积"账户

该账户属于所有者权益类账户,用来核算企业从净利润中提取的盈余公积(见图4-32)。

其贷方登记从企业净利润中提取的盈余公积数,借方登记使用盈余公积弥补亏损或将盈余公积金转增注册资本而减少的数额,期末贷方余额为提取的盈余公积结余数。

借	盈余公积	贷
用盈余公积弥补亏损、转增注册资本而减少的数额	提取的盈余公积数	
	盈余公积的结余数	

图 4-32 "盈余公积"账户

8. "应付股利"账户

该账户属于负债类账户,用来核算企业经股东大会,或类似机构决议确定分配的现金股利或利润(见图 4-33)。其贷方登记应向投资者支付的现金股利或利润;借方登记实际支付的现金股利或利润;余额在贷方,表示尚未支付的现金股利或利润。

借	应付股利	贷
实际支付的现金股利或利润	应向投资者支付的现金股利或利润	
	尚未支付的现金股利或利润	

图 4-33 "应付股利"账户

(三)利润形成及分配业务的核算

【例 4-34】 12 月 31 日,以银行存款 6 000 元向灾区捐款。

分析:

这项业务表明,向灾区捐款属捐赠支出,和生产经营无直接关系,应记入"营业外支出"账户借方;以银行存款支付,应记入"银行存款"账户贷方。作如下会计分录:

借:营业外支出　　　　　　　　　　　　　　　6 000
　　贷:银行存款　　　　　　　　　　　　　　　　　6 000

【例 4-35】 12 月 31 日,企业因对外投资收到其他单位分来的投资利润 35 000 元,款已存入银行。

分析:

这项业务表明,银行存款增加应记入"银行存款"账户借方;同时,投资收益增加,记入"投资收益"账户贷方。作如下会计分录:

借:银行存款　　　　　　　　　　　　　　　　35 000
　　贷:投资收益　　　　　　　　　　　　　　　　　35 000

【例 4-36】 12 月 31 日,经批准企业将确实无法支付应付账款 5 000 元转作营业外收入。

分析:

这项业务表明,企业确实无法支付的款项,按规定经批准转作营业外收入,应从"应付账

款"账户的借方转入"营业外收入"账户的贷方。作如下会计分录:

借:应付账款　　　　　　　　　　　　　　　　　　5 000
　　贷:营业外收入　　　　　　　　　　　　　　　　　　5 000

【例4-37】 12月31日,将本月主营业务收入252 000元(A产品180 000元,B产品72 000元)、其他业务收入7 000元、投资收益35 000元、营业外收入5 000元,结转"本年利润"账户。

分析:

按规定,企业于期末应将有关收入账户和投资收益账户的贷方余额,转入"本年利润"账户的贷方,以便企业计算财务成果。作如下会计分录:

借:主营业务收入——A产品　　　　　　　　　　　　　180 000
　　　　　　　　——B产品　　　　　　　　　　　　　　72 000
　　其他业务收入　　　　　　　　　　　　　　　　　　7 000
　　投资收益　　　　　　　　　　　　　　　　　　　　35 000
　　营业外收入　　　　　　　　　　　　　　　　　　　5 000
　　贷:本年利润　　　　　　　　　　　　　　　　　　299 000

【例4-38】 12月31日,将本月管理费用14 648元、财务费用1 200元、销售费用6 000元、主营业务成本123 597元(A产品88 173元,B产品35 424元)、税金及附加407.20元、其他业务成本510元、营业外支出6 000元转入"本年利润"账户。

分析:

这项业务表明,期末企业应将损益类账户中各费用类账户的借方余额转入"本年利润"账户的借方。作如下会计分录:

借:本年利润　　　　　　　　　　　　　　　　　　152 362.20
　　贷:主营业务成本——A产品　　　　　　　　　　　　88 173
　　　　　　　　——B产品　　　　　　　　　　　　　35 424
　　税金及附加　　　　　　　　　　　　　　　　　　407.20
　　其他业务成本　　　　　　　　　　　　　　　　　510
　　销售费用　　　　　　　　　　　　　　　　　　　6 000
　　管理费用　　　　　　　　　　　　　　　　　　　14 648
　　财务费用　　　　　　　　　　　　　　　　　　　1 200
　　营业外支出　　　　　　　　　　　　　　　　　　6 000

【例4-39】 12月31日,计算并结转应缴纳的所得税(所得税税率25%)。

分析:

$$应纳所得税额 = 应纳税所得额 \times 所得税税率$$
$$应纳税所得额 = 利润总额 + 纳税调整项目$$

本月实现的利润总额为146 637.80元(=299 000-152 362.20),假设没有纳税调整项目,应纳所得税额=146 637.80×25%=36 659.45(元)。

该项业务使企业应负担的税费增加,也使企业的应交税金增加,应借记"所得税费用"账户,贷记"应交税费"账户;"所得税费用"账户余额期末应转入"本年利润"账户的借方。作如下会计分录：

(1) 借：所得税费用 36 659.45
    贷：应交税费——应交所得税 36 659.45
(2) 借：本年利润 36 659.45
    贷：所得税费用 36 659.45

【例 4-40】 年末，结转全年实现的净利润。1~11 月累计净利润 400 000 元。

分析：

根据以上资料，本月净利润 = 146 637.80 - 36 659.45 = 109 978.35(元)

全年实现的净利润 = 400 000 + 109 978.35 = 509 978.35(元)

该项业务由"本年利润"账户转入"利润分配"账户的"未分配利润"明细账户，以供分配。作如下会计分录：

借：本年利润 509 978.35
    贷：利润分配——未分配利润 509 978.35

【例 4-41】 年末，按全年净利润的 10% 提取法定盈余公积金 50 997.84 元，向投资者分派现金股利 80 000 元。

分析：

提取法定盈余分积和向投资者分配股利，均属于利润分配，应分别记入"利润分配"账户相关明细账的借方；利润分配使所有者权益"盈余公积"增加，应记入"盈余公积"账户贷方；向投资者分配现金股利，形成负债，应记入"应付股利"账户贷方。作如下会计分录：

借：利润分配——提取法定盈余公积 50 997.84
    ——应付现金股利 80 000
  贷：盈余公积——法定盈余公积 50 997.84
    应付股利 80 000

【例 4-42】 年末，将"利润分配"所属反映利润分配的明细账户转入"利润分配——未分配利润"账户。作如下会计分录：

借：利润分配——未分配利润 130 997.84
  贷：利润分配——提取法定盈余公积 50 997.84
    ——应付现金股利 80 000

年末，"利润分配——未分配利润"明细账有余额 378 980.51 元(= 509 978.35 - 130 997.84)，即为企业年末未分配利润，留待以后分配。

【案例 4-1】 世界通信公司是美国第二大长途电话公司，2002 年 6 月 25 日在美国密西西比州克林顿市世界通信的总部，发布了一则震惊世界的信息：内审审计发现，2001 年度以及 2002 年第一季度，世界通信公司将支付给其他电信公司的线路和网络费用等应计入期间费用的经营性开支确认为资产，在五个季度内低估期间费用，虚增利润 38.52 亿元。使公司业绩从巨额亏损变为赢利。请分析支出计入期间费用与计入资产对企业的利润有何影响。

分析：

增加期间费用，会减少企业当期的利润，将计入期间费用的经营性开支确认为资产，会虚增利润和资产，从而达到扭亏为盈的目的。

任务二　记账凭证的填制与审核

从上述企业主要经济业务的核算可知,反映企业经济业务的原始凭证来自各个不同的方面,种类繁多,数量很大,格式不一。如果不经过必要的加工和整理,难以达到记账的要求,而根据原始凭证编制的记账凭证确定了应记账户的名称、借贷方向和金额等,保证了账簿记录的准确性。

一、认识记账凭证

（一）记账凭证的定义

记账凭证是由会计人员根据审核无误的原始凭证或原始凭证汇总表,按照经济业务的内容加以归类,并据以确定会计分录而填制的会计凭证,是登记账簿的直接依据。如图 4-34 所示。

记账凭证定义、种类等

图 4-34　记账凭证

（二）记账凭证的内容

由于记账凭证反映的经济业务的内容不同,因而在具体格式上也各有差异。但所有的记账凭证,都必须满足记账的要求,必须具备下列一些共同的基本内容:

(1) 记账凭证的名称;
(2) 填制凭证的日期;
(3) 凭证编号;
(4) 经济业务摘要;
(5) 会计科目和金额;
(6) 所附原始凭证张数;
(7) 填制、审核、记账、会计主管等有关人员签名或者盖章。若为收款凭证和付款凭证还应当由出纳人员签名或者盖章。

（三）记账凭证的种类

记账凭证的种类,如图 4-35 所示。

```
                              ┌─ 通用记账凭证        ┌─ 收款凭证
    记账凭证按用途不同 ─┤                      │
                              └─ 专用记账凭证 ───┼─ 付款凭证
                                                   └─ 转账凭证

                                   ┌─ 单一记账凭证 ─┬─ 通用记账凭证
                                   │                 └─ 专用记账凭证
                                   │                    ┌─ 汇总收款凭证
    记账凭证按包括的内容不同 ─┼─ 汇总记账凭证 ─┼─ 汇总付款凭证
                                   │                    └─ 汇总转账凭证
                                   └─ 科目汇总表

                                   ┌─ 单式记账凭证 ─┬─ 借项记账凭证
    记账凭证按填制方法不同 ─┤                      └─ 贷项记账凭证
                                   └─ 复式记账凭证 ─┬─ 通用记账凭证
                                                     └─ 专用记账凭证
```

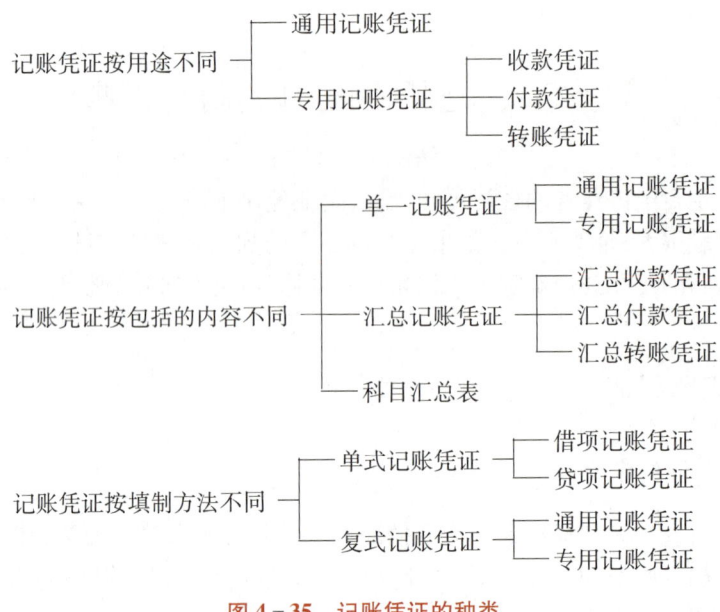

图 4-35　记账凭证的种类

1. 记账凭证按用途不同分类

记账凭证按用途不同,可分为通用记账凭证和专用记账凭证。

(1) 通用记账凭证是指用来反映全部经济业务的记账凭证。通用记账凭证简称为记账凭证,其格式见表 4-5。

表 4-5　记账凭证的格式

记 账 凭 证

年　月　日　　　　　　　　　编号

摘要	总账科目	明细科目	借方金额									贷方金额									√
			千	百	十	万	千	百	十	元	角	分	千	百	十	万	千	百	十	元	角	分	
																							附件　张
合计																							

会计主管：　　　　记账：　　　　复核：　　　　出纳：　　　　制单：

(2) 专用记账凭证是指分类反映经济业务的记账凭证。专用记账凭证按其反映经济业务的内容不同,又可分为收款凭证、付款凭证和转账凭证。

收款凭证是用于记录现金及银行存款收入业务的记账凭证,其格式见表 4-6。付款凭证是用于记录现金及银行存款付出业务的记账凭证,其格式见表4-7。转账凭证是用于记录不涉及现金及银行存款业务的记账凭证,其格式见表4-8。

表4-6 收款凭证的格式

收 款 凭 证

借方科目：　　　　　　　　　　　　　　年　　月　　日　　　　　　　　　　　　　　字第　号

摘要	贷方科目		金　额	√
	总账科目	明细科目	千 百 十 万 千 百 十 元 角 分	
合计				

会计主管：　　　　记账：　　　　复核：　　　　出纳：　　　　制单：

附件　张

表4-7 付款凭证的格式

付 款 凭 证

贷方科目　　　　　　　　　　　　　　　年　　月　　日　　　　　　　　　　　　　　字第　号

摘要	借方科目		金　额	√
	总账科目	明细科目	千 百 十 万 千 百 十 元 角 分	
合计				

会计主管：　　　　记账：　　　　复核：　　　　出纳：　　　　制单：

附件　张

表4-8 转账凭证的格式

转 账 凭 证

　　　　　　　　　　　　　　　　　　　年　　月　　日　　　　　　　　　　　　　　转字第　号

摘要	总账科目	明细科目	借方金额	贷方金额	√
			千 百 十 万 千 百 十 元 角 分	千 百 十 万 千 百 十 元 角 分	
	合计				

会计主管：　　　　记账：　　　　复核：　　　　制单：

附件　张

2. 记账凭证按包括的内容不同分类

记账凭证按包括的内容不同,可以分为单一记账凭证、汇总记账凭证和科目汇总表三类。

(1) 单一记账凭证是指只包括一笔会计分录的记账凭证。上述的专用记账凭证和通用记账凭证均为单一记账凭证。

(2) 汇总记账凭证是指根据一定时期内同类单一记账凭证定期加以汇总而重新编制的记账凭证。其目的是为了简化总分类账的登记手续。汇总记账凭证又可进一步分为汇总收款凭证、汇总付款凭证和汇总转账凭证,其格式见表4-9至表4-11。

(3) 科目汇总表亦称记账凭证汇总表,是根据一定时期内所有的记账凭证定期加以汇总而重新编制的记账凭证。其目的也是为了简化总分类账的登记手续,其格式见表4-12。

表 4-9 汇总收款凭证的格式

汇 总 收 款 凭 证

借方账户:　　　　　　　　　　　　年　月　　　　　　　　　　　　第　号

贷方账户	金　额				记　账	
	(1)	(2)	(3)	合计	借方	贷方

附注:(1) 自___日至___日　收款凭证共计_____张
　　　(2) 自___日至___日　收款凭证共计_____张
　　　(3) 自___日至___日　收款凭证共计_____张

表 4-10 汇总付款凭证的格式

汇 总 付 款 凭 证

贷方账户:　　　　　　　　　　　　年　月　　　　　　　　　　　　第　号

借方账户	金　额				记　账	
	(1)	(2)	(3)	合计	借方	贷方

附注:(1) 自___日至___日　付款凭证共计_____张
　　　(2) 自___日至___日　付款凭证共计_____张
　　　(3) 自___日至___日　付款凭证共计_____张

表 4－11　汇总转账凭证的格式

汇 总 转 账 凭 证

贷方账户：　　　　　　　　　　　　　年　月　　　　　　　　　　　第　号

借方账户	金　额				记　账	
	（1）	（2）	（3）	合计	借方	贷方

附注：(1) 自＿＿日至＿＿日　转账凭证共计＿＿＿＿张
　　　(2) 自＿＿日至＿＿日　转账凭证共计＿＿＿＿张
　　　(3) 自＿＿日至＿＿日　转账凭证共计＿＿＿＿张

表 4－12　科目汇总表的格式

科 目 汇 总 表

年　月　日至　日

账户名称	总账页数	本期发生额		记账凭证起讫号数
		借方	贷方	

3. 记账凭证按填制方法不同分类

记账凭证按填制方法不同，可以分为单式记账凭证和复式记账凭证。

（1）单式记账凭证是在一张凭证上只填制一个会计科目，而对应科目仅作参考，不据以记账。填制借方科目的称为借项记账凭证，填制贷方科目的称为贷项记账凭证。一项经济业务涉及几个科目就要填制几张凭证，但须用编号将其联系起来，以便查对。其优点是内容单一，便于记账，便于按科目汇总，但由于凭证数量多，不易保管，无法在一张凭证上完整地反映一笔经济业务的来龙去脉，故使用的单位较少，其格式见表 4－13、表 4－14。

表 4－13　借项记账凭证的格式

借 项 记 账 凭 证

对应科目：　　　　　　　　　　　　　年　月　日　　　　　　　　　　　编号

摘　要	一级科目	明细科目	金　额	账　页	附件张

会计主管　　　　　　记账　　　　　　审核　　　　　　出纳　　　　　　制单

表 4–14　贷项记账凭证的格式

贷 项 记 账 凭 证

对应科目：			年　月　日		编号
摘　要	一级科目	明细科目	金　额	账　页	附件　张
会计主管	记账	审核	出纳	制单	

（2）复式记账凭证是在一张凭证上完整地列出一项经济业务所涉及的全部科目。上述专用记账凭证和通用记账凭证均为复式记账凭证。其优点是在一张凭证上就能完整地反映一笔经济业务的全貌，且填写方便，附件集中，便于凭证的分析与审核，缺点是不便于分工记账及科目汇总。

二、填制记账凭证

（一）记账凭证的填制要求

（1）根据审核无误的原始凭证或原始凭证汇总表填制。不得将不同内容和类别的原始凭证汇总填制在一张记账凭证上。

（2）日期的填写要正确。记账凭证的日期，一般为编制记账凭证当天的日期，也可以根据需要，填写经济业务发生的日期和月末日期。现金收付记账凭证的日期以办理收付现金的日期填写；银行付款业务的记账凭证，一般以财会部门开出付款单据的日期或承付的日期填写；银行收款业务的记账凭证，一般按银行进账单或银行受理回执的戳记日期填写；月末结转的业务，按当月最后一天的日期填制。

（3）摘要简明。记账凭证的摘要应简明扼要，概括出经济业务的主要内容。

（4）会计分录准确。记账凭证必须按会计制度统一规定的会计科目填写，不得任意简化或改动，不得只写科目编号，不写科目名称，同时，明细科目也要填写齐全。记账方向和账户对应关系必须清楚。凭证填制完毕，应检查借贷双方金额合计是否平衡。

（5）金额填写必须规范。记账凭证中填写的金额应与原始经济业务的金额一致，阿拉伯数字应书写规范，对准金额栏的位数，一直填写到分位，如果没有角、分，要用"0"代替，不能空位。合计栏填写合计金额时，应在金额最高位数值前填写货币符号"￥"。不是合计数，则不填写货币符号。

（6）记账凭证应按行次逐行填写，不得跳行或留有空行。记账凭证填制完经济业务事项后，如有空行，应当自金额栏最后一笔金额数字下的空行处至合计数上的空行处划斜线或"S"线注销，以免窜改数据。

（7）附件齐全。除期末转账和更正错误的记账凭证可以不附原始凭证外，其他记账凭证，都必须附原始凭证，并在记账凭证附件中注明张数。如果一张原始凭证涉及几张记账凭证，可以把原始凭证附在一张主要的记账凭证后面，并在其他记账凭证上注明附有该原始凭证的记账凭证的编号或者附原始凭证复印件。

(8) 编号连续。记账凭证每月必须连续编号。采用通用记账凭证,可按全部经济业务发生的先后顺序从第1号起编,采用专用记账凭证,可按收字、付字、转字三类编号法,也可按现收字、银收字、现付字、银付字、转字五类编号法。若一笔经济业务需填多张记账凭证,应采用分数编号法。例如,第4项经济业务需编三张转账凭证,这三张凭证的编号应分别为 $4\frac{1}{3}$、$4\frac{2}{3}$、$4\frac{3}{3}$。

(9) 记账凭证的签名或者盖章。记账凭证中的内容要填写齐全,有关人员要在上面签名或者盖章。收款和付款记账凭证还应当由出纳人员签名或者盖章。

(10) "记账"栏或"√"栏的填写。"记账"栏或"√"栏应在已经登记账簿后划"√"符号,表示已经入账,以免发生漏记或重记错误。

(11) 记账凭证填写错误,应将错误凭证作废或撕毁,重新填制;已经登记入账的记账凭证,若发现有错误,应根据情况采用规定的方法更正,如红字更正法或补充登记法。

(二) 记账凭证的填制方法

1. 收款凭证的填制方法

收款凭证是根据有关现金和银行存款业务的原始凭证填制的。收款凭证的"借方科目"应填写"库存现金"或"银行存款"科目,"年、月、日"处,应填写制证日期;编号应按规定要求填写;"摘要"应简明扼要地描述经济业务的内容;"贷方科目"应填写与"库存现金"或"银行存款"相对应的一级以及二级和明细科目名称;"金额"应填写与同一行贷方科目相对应的发生额;"合计"表示借贷双方平衡金额;"附件"填写该凭证所依据的原始凭证的张数;有关责任人在表格下的相应项目签章,以便明确经济责任。

【例4-43】 2022年9月2日,销售甲产品收入10 000元,增值税额1 300元,价税合计11 300元,全部存入银行。(银收字第3号),见表4-15。

表4-15 收款凭证的填制

收 款 凭 证

借方科目:银行存款　　　　　　2022年9月2日　　　　　　银收字第3号

摘　要	贷方科目		金　额										√
	总账科目	明细科目	千	百	十	万	千	百	十	元	角	分	
销售产品	主营业务收入	甲产品				1	0	0	0	0	0	0	附件2张
	应交税费	应交增值税					1	3	0	0	0	0	
合　计						¥1	1	3	0	0	0	0	

会计主管:　　　　记账:　　　　稽核:　　　　出纳:赵明　　　　制单:钱二

2. 付款凭证的填制方法

付款凭证是根据有关现金和银行存款付出业务的原始凭证填制的。付款凭证的填制方法与收款凭证的填制方法基本相同。付款凭证的"贷方科目"应填写"库存现金"或"银行存款"科目,"借方科目"填写与"库存现金"或"银行存款"相对应的一级以及二级和明细科目名称。注意:对于现金和银行存款之间收付业务(亦称相互划转业务),如从银行提取现金,将现金送存银行等,为避免重复记账,一般只填制一张付款凭证,而不再填收款凭证。

【例4-44】 2022年9月10日,从银行提取现金600元备用。(银付字第15号),见表4-16。

表4-16 付款凭证的填制

付 款 凭 证

贷方科目:银行存款　　　　　　　2022年9月10日　　　　　　　银付字第15号

摘　要	借方科目		金　额	√
	总账科目	明细科目	千 百 十 万 千 百 十 元 角 分	
提取现金备用	库存现金		6 0 0 0 0	附件1张
合　计			¥ 　　　　 6 0 0 0 0	

会计主管:　　　　　记账:　　　　　稽核:　　　　　出纳:赵明　　　　制单:钱二

3. 转账凭证的填制方法

转账凭证是根据有关不涉及现金和银行存款收付业务的原始凭证填制的。转账凭证的会计科目填写经济业务发生后所涉及的全部一级以及二级和明细科目的名称;"借方金额"和"贷方金额"栏填列与前面会计科目相对应的借方或贷方发生额;"合计"栏填列借方科目金额合计和贷方科目金额合计,且二者应相等;其他项目填制方法同收款凭证。

【例4-45】 2022年9月11日,销售甲产品收入10 000元,增值税额1 300元,款未收。(转字第14号),见表4-17。

表4-17 转账凭证的填制

转 账 凭 证

2022年9月11日　　　　　　　　　　转字第14号

摘要	总账科目	明细科目	借方金额	贷方金额	√
			千 百 十 万 千 百 十 元 角 分	千 百 十 万 千 百 十 元 角 分	
销售产品	应收账款	红星公司	1 1 3 0 0 0 0		附件2张
	主营业务收入	甲产品		1 0 0 0 0 0 0	
	应交税费	应交增值税		1 3 0 0 0 0	
合　计			¥ 1 1 3 0 0 0 0	¥ 1 1 3 0 0 0 0	

会计主管:　　　　　记账:　　　　　复核:　　　　　制单:钱二

4. 通用记账凭证的填制方法

通用记账凭证是一种用来反映全部经济业务的记账凭证。采用通用记账凭证的单位无论是款项的收付还是转账业务,都采用统一格式的记账凭证。该种凭证通常适用于规模不大,款项收付业务不多的企业。该凭证的编制与转账凭证基本相同,所不同的是在编号上,按发生经济业务的先后顺序编号。

以[例4-44]经济业务为例(编号3号),见表4-18。

表4-18 记账凭证的填制

记 账 凭 证

2022年9月10日　　　　　　　　　　　　　　　编号3号

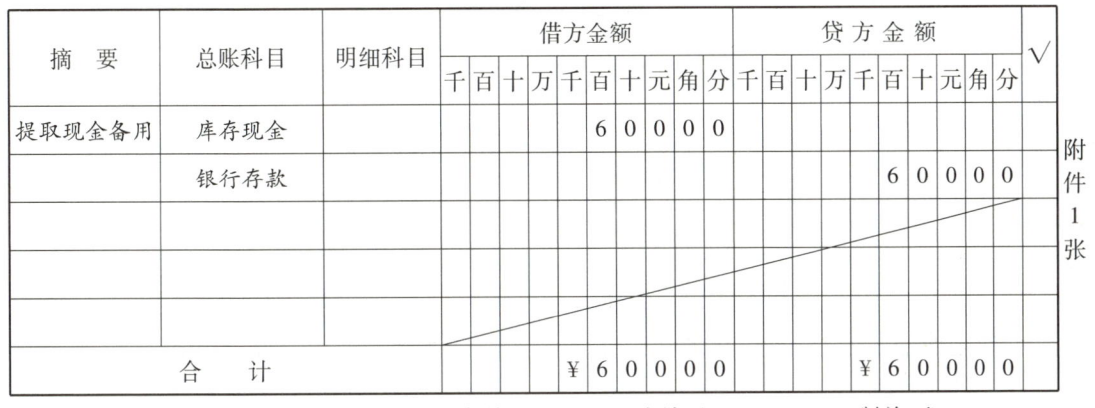

摘　要	总账科目	明细科目	借方金额 千百十万千百十元角分	贷方金额 千百十万千百十元角分	√
提取现金备用	库存现金		6 0 0 0 0		附件1张
	银行存款			6 0 0 0 0	
合　计			¥6 0 0 0 0	¥6 0 0 0 0	

会计主管:　　　　记账:　　　　复核:　　　　出纳:赵明　　　　制单:钱二

5. 汇总记账凭证的填制方法

汇总收款凭证是根据收款凭证分别按库存现金和银行存款账户的借方设置,并按对应的贷方账户归类汇总。汇总付款凭证是根据付款凭证分别按库存现金和银行存款账户的贷方设置,并按对应的借方账户归类汇总。汇总转账凭证是根据转账凭证按账户的贷方设置,并按对应的借方账户归类汇总。这三种汇总记账凭证都应定期(如每旬)汇总一次,每月填制一张,见表4-19。

表4-19 汇总收款凭证的填制

汇 总 收 款 凭 证

借方账户:银行存款　　　　　　　2022年2月　　　　　　　汇收字第1号

贷方账户	金　额				记　账	
	(1)	(2)	(3)	合计	借方	贷方
主营业务收入	60 000	10 000	50 000	120 000		
应交税费	8 500	1 700	10 200	20 400		
预收账款	30 000			30 000		
短期借款	16 000			16 000		
应收账款	40 000			40 000		

附注:(1) 自 _1_ 日至 _10_ 日　　收款凭证共计 _13_ 张
　　　(2) 自 _11_ 日至 _20_ 日　　收款凭证共计 _16_ 张
　　　(3) 自 _21_ 日至 _28_ 日　　收款凭证共计 _12_ 张

6. 科目汇总表的编制方法

科目汇总表也称记账凭证汇总表,它是根据一定时期全部收款凭证、付款凭证和转账凭证(或通用记账凭证),按照相同的科目归类,将借方、贷方发生额分别汇总(在实际操作中,可画"T"型账户,将本期各个会计科目的发生额记入有关"T"型账户),计算出每个会计科目的借方本期发生额、贷方本期发生额,填列在科目汇总表的相关栏内。再将全部会计科目的借方发生额、贷方发生额分别汇总,进行借贷试算平衡。审核无误的科目汇总表,可用于登记总账,见表4-20。

表4-20 科目汇总表的填制

科 目 汇 总 表

2022年12月1日至15日

会计科目	本期发生额		总账页数
	借方	贷方	
库存现金	600	200	略
银行存款	90 000	6 600	
原材料	6 000	2 000	
生产成本	2 000		
短期借款		50 000	
管理费用	200		
主营业务收入		40 000	
合计	98 800	98 800	

会计主管:张三　　　　记账:李四　　　　审核:王五　　　　制表:钱二

三、审核记账凭证

记账凭证是登记账簿的直接依据,为了保证账簿记录的正确性,以及整个会计信息的质量,记账前必须对已编制的记账凭证进行认真严格的审核。审核的内容主要有以下几方面:

(1)记账凭证是否附有原始凭证,记账凭证的内容与所附原始凭证的内容是否相符,金额是否一致,内容是否真实。

(2)凭证中会计科目的使用是否正确,二级和明细科目是否齐全,账户对应关系是否清晰,金额计算是否准确无误。

(3)记账凭证中有关项目是否填列齐全,有关人员是否签章,手续是否完备。

(4)记账凭证是否连续编号。

(5)书写是否规范。

(6)实行会计电算化的单位,其机制记账凭证应当符合对记账凭证的一般要求,并应认真审核,做到会计科目使用正确,数字准确无误。打印出来的机制记账凭证上,要加盖制单人员、审核人员、记账人员和会计主管人员印章或者签字,以明确责任。

在审核中若发现记账凭证填制有错误,应查明原因,予以重填或按规定方法及时更正,只有经审核无误的记账凭证才能据以记账。

知识链接4-2

会计凭证的意义和种类

一、会计凭证的意义

会计凭证是记录经济业务、明确经济责任的书面证明,是登记账簿的依据。填制和审核会计凭证是会计核算的一种专门方法,也是整个会计核算工作的起点和基础,在经济管理中具有重要的意义。

1. 记录经济业务,为记账提供依据

任何单位每发生一项经济业务都必须由完成该项经济业务的有关人员填制或取得会计凭证,以详细记录该项经济业务的发生日期、具体内容、数量和金额等经济业务发生时的原始资料。这些原始资料是会计核算的基础。经审核无误的会计凭证,才能据以登记账簿,以保证会计账簿资料的真实性。

2. 明确经济责任,加强岗位责任制

会计凭证记录了每项经济业务的内容,并由有关人员签章,这就要求有关部门或人员对该项经济活动的真实性、准确性、合法性负责,从而加强了他们的责任感,促使他们严格按照有关政策、法令、制度、计划或预算办事。

3. 监督经济活动,保护财产的安全

通过对会计凭证的审核,可以检查各项经济业务是否符合法规、制度的规定,有无贪污、盗窃、铺张浪费和损公肥私的行为,及时发现经济管理中存在的问题,防止不合理经济业务的发生,从而发挥会计的监督作用,保护单位财产的安全、完整,维护投资者、债权人和其他有关各方的利益。

二、会计凭证的种类

会计凭证按其填制的程序和用途,可以分为原始凭证和记账凭证两大类。

任务三 会计凭证的传递和保管

一、会计凭证的传递

会计凭证的传递是指凭证从填制或取得起,经过审核、记账、装订到归档保管时止,在单位内部有关部门和人员之间按规定的路线、时间办理业务手续的过程。

各单位应根据经济业务的特点、机构设置、人员分工情况以及经营管理上的需要,规定会计凭证合理的传递程序,即会计凭证填制以后,应交到哪一部门,哪个工作岗位上,由谁接办业务手续,直到最后归档保管为止,以及每个环节停留的时间和有关衔接手续。正确、合理地组织会计凭证的传递,有利于及时记录和处理经济业务,协调单位内部各部门、各环节的工作,加强经营管理的岗位责任制,实行会计监督。

二、会计凭证的整理

会计部门在记账之后,应定期(一般为每月)将会计凭证加以归类整理,即记账凭证应当连同所附的原始凭证或者原始凭证汇总表,按照编号顺序,折叠整齐,按期装订成册,并加具封面,注明单位名称、年度、月份和起讫日期、凭证种类、起讫号码,由装订人在装订线封签处签名或者盖章。

对于数量过多的原始凭证,可以单独装订保管,在封面上注明记账凭证日期、编号、种类,同时在记账凭证上注明"附件另订"和原始凭证名称及编号。

各种经济合同、存出保证金收据以及涉外文件等重要原始凭证,应当另编目录,单独登记保管,并在有关的记账凭证和原始凭证上相互注明日期和编号。

三、会计凭证的装订

对记账后按顺序整理好的会计凭证,应定期装订成册,方便保管和利用。根据凭证数量多少,可以分别按每日、5日、10日、半个月、1个月等装订一次。如一个业务量不多的企业,一个月的记账凭证可能只有十几张,此时就可以一个月装订一次,装订成一册。会计凭证不得跨月装订。

会计凭证装订之前,应再次检查一遍所附原始凭证是否已加工折叠整齐,过长和过宽的原始凭证,都要整齐地折叠进去。另外要特别注意装订线(眼)处的处理,避免装订后出现再也翻不开的现象。

所有会计凭证在装订前都要加具封面,按封面要求将凭证的起止日期、起止号码,本册是本月第几册、本月共几册登记入账。另外,为慎重起见,应在记账凭证的封面上加盖单位负责人、财务负责人和装订人的印章,由装订人在装订线封签处签名或盖章。采用科目汇总表登记总账时,每册记账凭证在装订前应进行记账凭证的汇总。然后将汇总平衡后的记账凭证汇总表(科目汇总表)附在记账凭证封面之后、记账凭证之前。

记账凭证的装订分为手工装订和机器装订。应注意的是,在装订结束之后,应将装订线部分封签,加盖人名章或财务专用章。

四、会计凭证的归档与借阅

各单位每年的会计凭证,应当由会计机构按照归档要求,负责整理立卷,装订成册,编制会计凭证保管清册。当年的会计凭证,在会计年度终了后,可暂由会计机构保管一年,期满之后,应当由会计机构编制移交清册,移交本单位档案机构统一保管;未设立档案机构的,应当在会计机构内部指定专人保管。出纳人员不得兼管会计凭证。保存的会计凭证不得借出。如有特殊需要,经本单位负责人批准,可以提供查阅或者复制,并办理登记手续。查阅或者复制会计凭证的人员,严禁在会计凭证上涂画、拆封和抽换。

五、会计凭证的销毁

会计凭证的保管期限,一般为 30 年,重要的会计凭证应长期保存。保管期未满,任何人都不得随意销毁会计凭证,保管期满后,也必须按规定的批准手续进行处理。我国《会计法》规定,任何单位和个人隐匿、销毁会计资料,情节严重的均构成犯罪,依法追究刑事责任。

【案例 4-2】 银广夏财务造假事件曝光后,银广夏发布公告称,由于公司主要控股子公司天津广夏 1998 年及以前年度的财务资料丢失,银广夏 1998 年度利润的真实性无法确定。试分析天津广夏财务资料丢失的目的和后果。

分析:

我国《会计法》规定,任何单位和个人隐匿、销毁会计资料,情节严重的均构成犯罪,依法追究刑事责任。银广夏称财务资料丢失,是为了减轻造假责任,销毁证据,因为财务资料记载了公司发生的经济业务的实际情况。

【本项目小结】

资金筹集业务的核算	收到投资者投入的资产:
	借:银行存款、固定资产等
	    贷:实收资本
		从银行取得短期借款:
		借:银行存款
		    贷:短期借款

供应过程的核算	购进材料,支付买价、运费、进项税等:
	借:在途物资
	    应交税费——应交增值税(进项税额)
	    贷:银行存款、应付票据等
	材料已验收入库,结转入库材料的实际成本:
	借:原材料
	    贷:在途物资
		购进材料,材料已验收入库,结转入库材料的实际成本:
		借:原材料
		    应交税费——应交增值税(进项税额)
		    贷:银行存款、应付票据、应付账款等
		支付应付账款、票据到期支付票款:
		借:应付账款、应付票据
		    贷:银行存款

续　表

生产过程的核算	发出材料： 借：生产成本 　　制造费用 　　管理费用 　贷：原材料 发放工资： 借：应付职工薪酬 　贷：银行存款 上交社会保险费： 借：应付职工薪酬——社会保险费 　贷：银行存款 计提工资、社会保险费： 借：生产成本 　　制造费用 　　管理费用 　贷：应付职工薪酬——工资 　　　　　　　　　——社会保险费 支付本月的水电费： 借：制造费用 　　管理费用 　　应交税费——应交增值税（进项税额） 　贷：银行存款 归集和分配制造费用： 借：生产成本 　贷：制造费用 产品完工，验收入库，结转完工产品成本： 借：库存商品 　贷：生产成本	购买办公用品： 借：管理费用 　　制造费用 　贷：银行存款 职工出差借差旅费： 借：其他应收款 　贷：库存现金 报销差旅费： 借：管理费用 　　库存现金（或贷记） 　贷：其他应收款 预付财产保险费、报纸杂志费等： 借：预付账款 　贷：银行存款 摊销财产保险费、报纸杂志费等： 借：制造费用 　　管理费用 　贷：预付账款 计提本月的固定资产折旧： 借：制造费用 　　管理费用 　贷：累计折旧 计提本月借款利息： 借：财务费用 　贷：应付利息
销售过程的核算	销售产品： 借：银行存款、应收账款、应收票据等 　贷：主营业务收入 　　　应交税费——应交增值税（销项税额） 收到应收账款或票据到期收回票款： 借：银行存款 　贷：应收账款、应收票据 结转已销产品的成本： 借：主营业务成本 　贷：库存商品 计算出应交的城市维护建设税和教育费附加： 借：税金及附加 　贷：应交税费——应交城市维护建设税 　　　　　　　——应交教育费附加	销售材料： 借：银行存款 　贷：其他业务收入 　　　应交税费——应交增值税（销项税额） 支付广告费： 借：销售费用——广告费 　　应交税费——应交增值税（进项税额） 　贷：银行存款 结转已销材料的成本： 借：其他业务成本 　贷：原材料

续 表

		利润的形成	利润的分配
利润的形成和分配核算		支付罚款、向灾区捐款等： 借：营业外支出 　　贷：银行存款 收到投资取得的收益： 借：银行存款 　　贷：投资收益 无法支付的应付账款转作营业外收入： 借：应付账款 　　贷：营业外收入 结转损益类中的收入类账户： 借：主营业务收入 　　其他业务收入 　　投资收益 　　营业外收入 　　贷：本年利润 结转损益类中的费用类账户： 借：本年利润 　　贷：主营业务成本 　　　　其他业务成本 　　　　销售费用 　　　　管理费用 　　　　财务费用 　　　　税金及附加 　　　　营业外支出 计算本期应交的所得税： 借：所得税费用 　　贷：应交税费——应交所得税 将"所得税费用"转入"本年利润"： 借：本年利润 　　贷：所得税费用	年末，将全年实现的净利润由"本年利润"转入"利润分配——未分配利润"： 借：本年利润 　　贷：利润分配——未分配利润 按全年净利润的10%提取法定盈余公积，向投资者分配利润： 借：利润分配——提取法定盈余公积 　　　　　　——应付现金股利或利润 　　贷：盈余公积——法定盈余公积 　　　　应付股利 年末，将"利润分配"所属明细账户转入"利润分配——未分配利润"账户： 借：利润分配——未分配利润 　　贷：利润分配——提取法定盈余公积 　　　　　　　　——应付现金股利或利润
记账凭证	定义	由财会部门根据审核无误的原始凭证或原始凭证汇总表填制，用以确定会计分录而填制的会计凭证，是登记会计账簿的直接依据	
	分类	1. 按用途分类：分为通用记账凭证和专用记账凭证。专用记账凭证又可分为收款凭证、付款凭证和转账凭证 2. 按包括的内容分类：分为单一记账凭证、汇总记账凭证和科目汇总表三类。汇总记账凭证又可分为汇总收款凭证、汇总付款凭证和汇总转账凭证 3. 按填制方法分类：可以分为单式记账凭证和复式记账凭证。专用记账凭证和通用记账凭证均为复式记账凭证	
	填制要求	1. 根据审核无误的原始凭证或原始凭证汇总表填制 2. 日期的填写要正确；摘要要简明，会计分录要准确 3. 金额填写必须规范，合计栏填写合计金额时，应在金额最高位数值前填写货币符号"￥"	

续 表

		4. 记账凭证应按行次逐行填写，不得跳行或留有空行。记账凭证填制完经济业务事项后，如有空行，应当自金额栏最后一笔金额数字下的空行处至合计数上的空行处划斜线或"S"线注销，以免窜改数据 5. 附件齐全。除期末转账和更正错误的记账凭证可以不附原始凭证外，其他记账凭证，都必须附原始凭证，并在记账凭证附件中注明张数 6. 记账凭证每月必须连续编号 7. 记账凭证的签名或者盖章。记账凭证中的内容要填写齐全，有关人员要在上面签名或者盖章。收款和付款记账凭证还应当由出纳人员签名或者盖章 8. "记账"栏或"√"栏应在已经登记账簿后划"√"符号，表示已经入账，以免发生漏记或重记错误 9. 记账凭证填写错误，应将错误凭证作废或撕毁，重新填制；已经登记入账的记账凭证，若发现有错误，应根据情况采用规定的方法更正，如红字更正法或补充登记法
	审核	1. 记账凭证所附原始凭证是否齐全，记账凭证与原始凭证的内容是否相符 2. 记账凭证中所使用的会计科目、借贷方向是否正确，金额是否与原始凭证的金额相符 3. 记账凭证所需填制的项目是否完整，有关人员是否都已签字盖章 4. 记账凭证是否连续编号 5. 书写是否规范等
会计凭证的保管		保管期限为30年，保管期未满，任何人都不得随意销毁会计凭证，保管期满后，也必须按规定的批准手续进行处理

【课堂讨论】

企业采购甲材料1 000千克，验收数量为998千克，经查明，2千克系途中合理损耗，该批材料单位采购成本为100元。会计小杨编制的记账凭证中的会计分录如下：

借：原材料　　　　　　　　　　　　　　　　99 800
　　管理费用　　　　　　　　　　　　　　　　　200
　　贷：在途物资　　　　　　　　　　　　　100 000

主管会计审核凭证时发现上述分录有错误。试问：会计分录有什么错误？应做怎样的调整？

【复习思考题】

1. 企业供应过程、生产过程、销售过程的核算内容是什么？
2. 材料采购成本、产品生产成本分别由哪些项目构成？
3. 记账凭证的填制要求有哪些？
4. 记账凭证的审核内容包括哪些？

项目五

设置与登记会计账簿

【知识目标】

1. 了解账簿的种类和基本内容。
2. 熟悉登记账簿的基本要求。
3. 理解不同错账更正方法的适用范围。
4. 了解对账和结账的主要内容、账簿的更换和保管基本知识。
5. 了解账务处理程序的含义和种类,理解各种账务处理程序的主要特点。

【能力目标】

1. 能够根据账户的特点选择适用的账簿。
2. 能够按登账基本要求准确登记日记账、分类账,掌握总分类账和明细分类账的平行登记。
3. 能够运用适当的错账更正方法更正错账。
4. 能够正确对账和结账。
5. 能够运用记账凭证账务处理程序和科目汇总表账务处理程序进行账务处理。

【素养目标】

1. 具有设置与登记账簿的能力,能提供合法、真实、完整的账簿信息。
2. 具备爱岗敬业的工作态度,依照规范的账簿登记方法有条不紊地开展账簿登记工作,提高工作效率和效果。
3. 具有严谨认真的良好作风和高度的责任心,确保账目清晰、准确。

【案例导入】

以下是某公司总经理与该公司新任会计之间的对话。该会计刚从学校毕业,没有工作经验。看一看该会计是如何想,又是如何做的?如果你被聘为该公司的会计,你会怎么做?

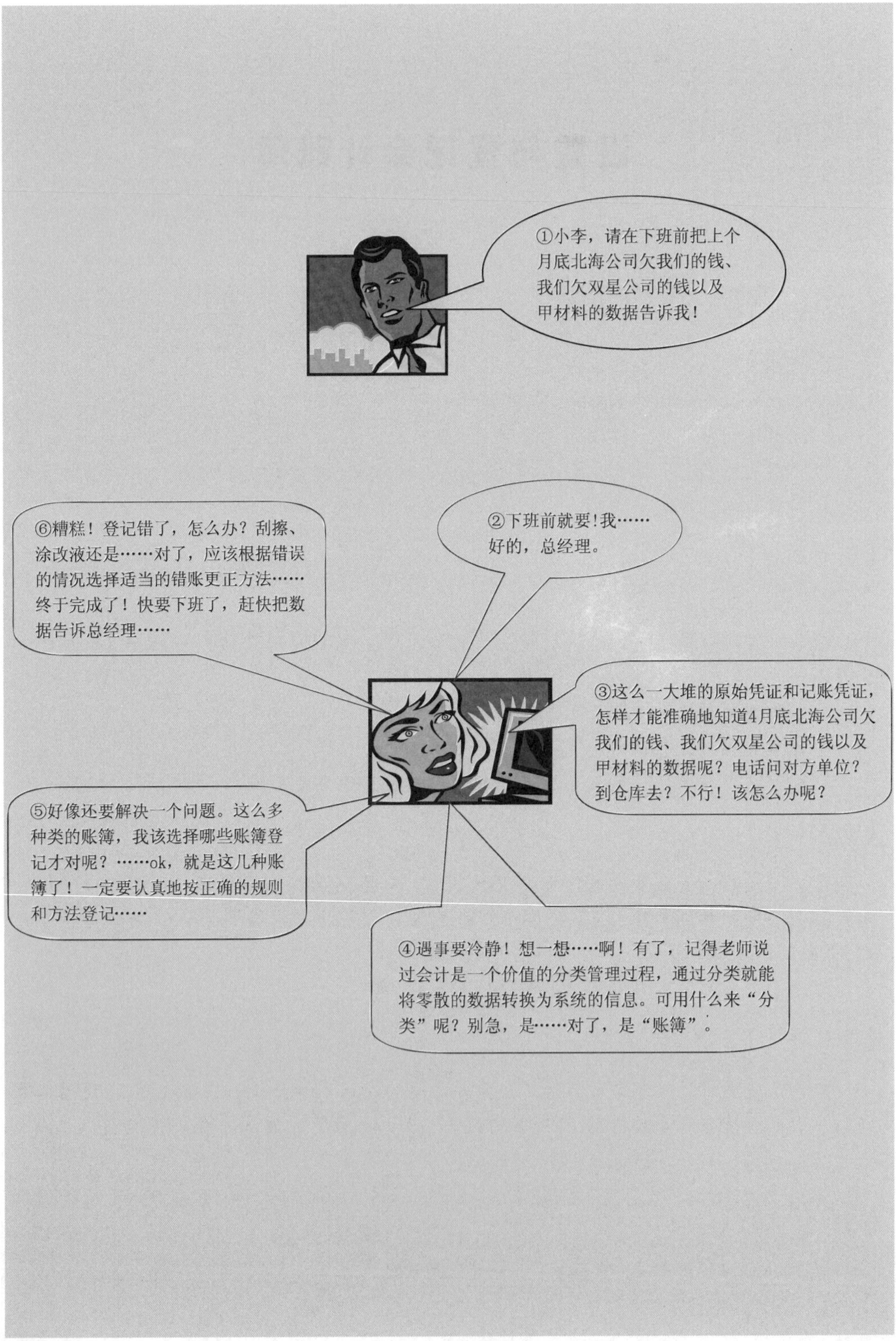

①小李，请在下班前把上个月底北海公司欠我们的钱、我们欠双星公司的钱以及甲材料的数据告诉我！

②下班前就要！我……好的，总经理。

③这么一大堆的原始凭证和记账凭证，怎样才能准确地知道4月底北海公司欠我们的钱、我们欠双星公司的钱以及甲材料的数据呢？电话问对方单位？到仓库去？不行！该怎么办呢？

④遇事要冷静！想一想……啊！有了，记得老师说过会计是一个价值的分类管理过程，通过分类就能将零散的数据转换为系统的信息。可用什么来"分类"呢？别急，是……对了，是"账簿"。

⑤好像还要解决一个问题。这么多种类的账簿，我该选择哪些账簿登记才对呢？……ok，就是这几种账簿了！一定要认真地按正确的规则和方法登记……

⑥糟糕！登记错了，怎么办？刮擦、涂改液还是……对了，应该根据错误的情况选择适当的错账更正方法……终于完成了！快要下班了，赶快把数据告诉总经理……

知识导图

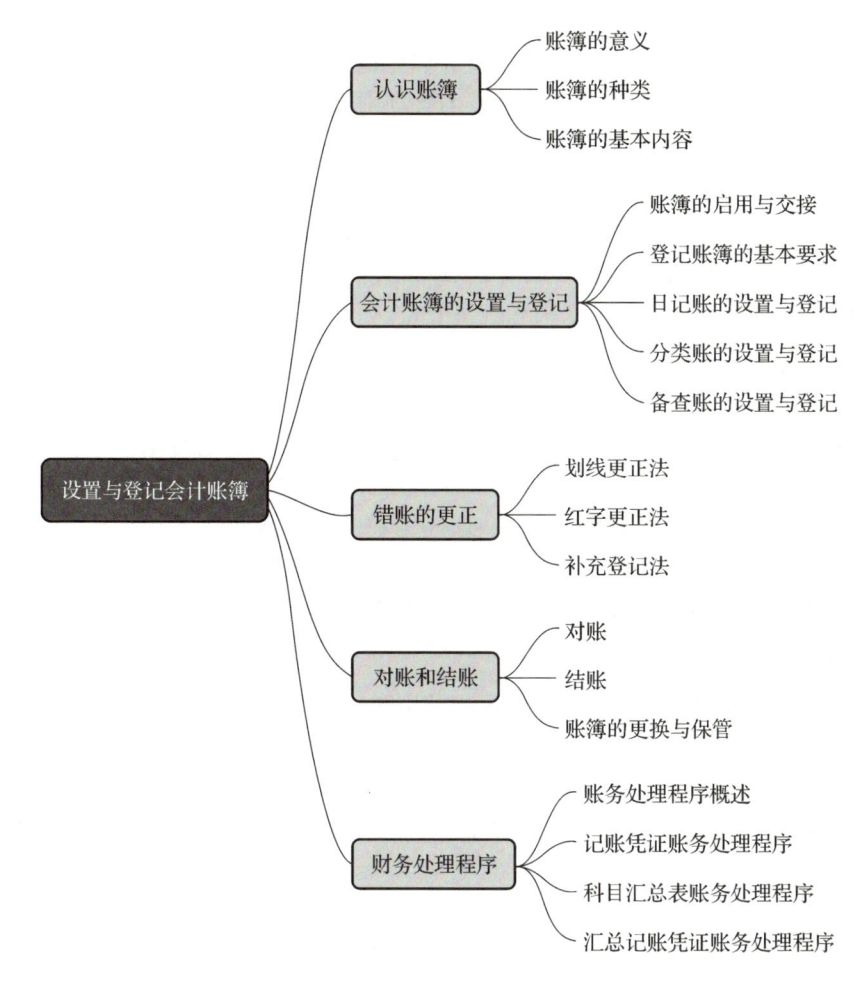

```
设置与登记会计账簿
├── 认识账簿
│   ├── 账簿的意义
│   ├── 账簿的种类
│   └── 账簿的基本内容
├── 会计账簿的设置与登记
│   ├── 账簿的启用与交接
│   ├── 登记账簿的基本要求
│   ├── 日记账的设置与登记
│   ├── 分类账的设置与登记
│   └── 备查账的设置与登记
├── 错账的更正
│   ├── 划线更正法
│   ├── 红字更正法
│   └── 补充登记法
├── 对账和结账
│   ├── 对账
│   ├── 结账
│   └── 账簿的更换与保管
└── 财务处理程序
    ├── 账务处理程序概述
    ├── 记账凭证账务处理程序
    ├── 科目汇总表账务处理程序
    └── 汇总记账凭证账务处理程序
```

任务一　认识账簿

一、账簿的意义

会计账簿是由具有一定格式又相互联结在一起的若干张账页组成的,以会计凭证为依据,用来序时、分类地登记各项经济业务的簿籍。簿籍是账簿的外表形式,而账户记录则是账簿的内容。

设置和登记账簿是会计核算的一种专门方法,是会计核算工作的重要环节,它对于加强经济核算,改善和提高经营管理水平具有重要的意义。具体表现在以下几个方面:

(1)提供较全面、系统的会计信息,并为编制会计报表提供依据。会计凭证可以提供会计

建立账簿

信息，但会计凭证只能零散地记录和反映个别经济业务，不能全面、系统地反映单位的经济活动。只有通过账簿的设置与登记，把会计凭证所提供的大量核算资料序时、分类地记录在各种账簿中，才能提供比较系统、完整的会计核算资料，并为编制会计报表提供依据。

（2）确保财产物资的安全完整。通过设置和登记账簿，可以连续反映各项财产物资的增减变动及其结存情况。通过财产清查可以查明各项财产物资的实存数与账存数是否相符，从而有利于保证财产物资的安全和完整。

（3）为评价企业经营成果、分析经济活动情况提供依据。通过设置和登记账簿，可以积累单位一定时期的资金来源及运用情况，提供资产、负债、所有者权益、收入、费用和利润等资料。利用这些资料可以对经济活动情况进行分析、评价，以肯定成绩，找出不足，提出改进工作的具体措施，从而提高单位的经营管理水平和经济效益。

二、账簿的种类

账簿的种类繁多，不同的账簿，其用途、形式、内容和登记方法都各不相同。为了更好地了解和使用各种账簿，有必要对账簿进行分类。

（一）账簿按用途分类

账簿按用途可分为序时账簿、分类账簿和备查账簿。

1. 序时账簿

序时账簿也称日记账，是按各项经济业务发生时间的先后顺序，逐日、逐笔连续登记经济业务的账簿。日记账按其记录的内容不同分为普通日记账和特种日记账。

（1）普通日记账。普通日记账（也称分录簿）是用来序时地反映和逐笔记录全部经济业务的日记账。普通日记账具有记账凭证的作用，因此，设置普通日记账的单位，不再填制记账凭证，以免重复。

（2）特种日记账。特种日记账是专门用来记录某一类经济业务的日记账。在会计实践中，大多数单位一般只对现金、银行存款设置日记账进行序时核算，以加强对货币资金的监督和管理。

2. 分类账簿

分类账簿是对全部经济业务进行分类登记的账簿。分类账簿按提供核算资料的详细程度不同，分为总分类账簿和明细分类账簿两种。

（1）总分类账簿。总分类账簿（简称总账）是根据总分类科目开设账户，用来分类登记所有经济业务，提供总括核算资料的账簿。

（2）明细分类账簿。明细分类账簿（简称明细账）是根据总分类科目所属的明细科目开设账户，用来记录某类经济业务，提供详细核算资料的账簿。

3. 备查账簿

备查账簿（也称辅助账簿）是对某些序时账簿和分类账簿不能记载的经济业务或记载不全的项目进行补充登记的账簿。

（二）账簿按其外表形式分类

账簿按其外表形式可分为订本式账簿、活页式账簿和卡片式账簿。

1. 订本式账簿

订本式账簿（简称订本账）是在账簿未使用之前，就将若干账页固定装订成册的账簿。这种账簿可以防止账页散失和账页被抽换，但由于订本式账簿账页固定，不能增减，所以必须为每个账户预留空白账页，如果预留账页不够会影响账户的连续登记，而预留账页过多则造成浪费；同时订本账在同一时间只能由一个人登记，不便于分工记账。这种账簿一般适用于重要的、具有统驭性的账簿，如总分类账、现金日记账、银行存款日记账等。

2. 活页式账簿

活页式账簿（简称活页账）是把零散的账页装在账夹内，可以随时增添账页的账簿。它可以根据需要灵活添页或排列，便于分工记账和提高工作效率，但账页容易散乱丢失或被抽换。为此，在使用活页账时，须将空白账页连续编号。年度终了，应将其装订成册，便于保管。这种账簿一般适用于各种明细分类账。

3. 卡片式账簿

卡片式账簿（简称卡片账）是将硬卡片作为账页，存放在卡片箱内保管的账簿。它实际上是一种活页账。为了防止因经常抽取造成破损而采用硬卡片形式，可以跨年度使用。如固定资产明细账常用卡片账。

（三）账簿按账页格式分类

账簿按其账页格式可分为两栏式账簿、三栏式账簿、数量金额式账簿、多栏式账簿和横线登记式账簿。

1. 两栏式账簿

两栏式账簿是指只有借方和贷方两个基本金额栏目的账簿。普通日记账一般采用两栏式账页格式。其格式见表5-1。

表5-1　普通日记账　　　　　　　　　　　第　页

年		凭　证		摘　要	会计科目	借方金额	贷方金额	过　账
月	日	种类	编号					

2. 三栏式账簿

三栏式账簿是指由"借方""贷方""余额"三个基本栏次构成的账页所组成的账簿。三栏式账簿只进行金额核算，主要适用于各种日记账、总分类账以及资本、债权、债务明细账等。其格式见表5-2至表5-4。

表 5-2 三栏式账簿(1)

现金日记账

年		凭证		摘要	借方										贷方										借或贷	余额										核对
月	日	种类	号数		亿	千	百	十	万	千	百	十	元	角	分	亿	千	百	十	万	千	百	十	元	角	分		亿	千	百	十	万	千	百	十	元	角	分	

表 5-3 三栏式账簿(2)

总账

年		凭证		摘要	借方										贷方										借或贷	余额										核对
月	日	种类	号数		亿	千	百	十	万	千	百	十	元	角	分	亿	千	百	十	万	千	百	十	元	角	分		亿	千	百	十	万	千	百	十	元	角	分	

表 5-4 三栏式账簿(3)

明细账

账号		总页数	
页数			

年		凭证		摘要	借方										贷方										借或贷	余额										核对
月	日	种类	号数		亿	千	百	十	万	千	百	十	元	角	分	亿	千	百	十	万	千	百	十	元	角	分		亿	千	百	十	万	千	百	十	元	角	分	

3. 数量金额式账簿

数量金额式账簿是在"借方""贷方""余额"(或"收入""支出""结存")栏次内分别设有"数量""单价"和"金额"三个小栏次的账簿。数量金额式账簿适用于既需进行金额核算,又需进行实物数量核算的各种财产物资明细账,如原材料、库存商品等明细账。其格式见表5-5。

4. 多栏式账簿

多栏式账簿是在借方或贷方金额栏内设置多个金额栏的账簿。多栏式账簿只记金额,不记数量,同时,根据经济业务的特点和经营管理的需要设置若干栏目,主要适用于费用、成本、收入、利润等账户的明细核算。由于各种多栏式账簿所记录的经济业务内容不同,所需要核算的指标也不同,因此,栏目的设置也不尽相同。其基本格式见表5-6。

5. 横线登记式账簿

横线登记式账簿是将前后密切相关的经济业务在同一行内进行详细登记,以检查每笔经济业务发生完成情况的账簿。一般适用于材料采购、其他应收款等账户的明细核算。其基本格式见表5-7。

表 5-5 数量金额式账簿

明细账

最高储存量						类别:		规格:			单位:			存放地点:				计划单价:		账号	
最低储存量																				页数	
编号:																				总页数	

凭证		摘要	收入			发出			借或贷	结存			核对
年 月 日	种类 号数		数量	单价	百十万千百十元角分	数量	单价	百十万千百十元角分		数量	单价	百十万千百十元角分	

表 5-6　多栏式账簿

明细账

年		凭证		摘要							账号 页数	总页数	
月	日	种类	号数		百十万千百十元角分	百十万千百十元角分	百十万千百十元角分	百十万千百十元角分	百十万千百十元角分	百十万千百十元角分	百十万千百十元角分		核对

表 5－7　横线登记式账簿

明细账

第　　页

借　方					贷　方				
年		凭证			年		凭证		
月	日	字	号	摘要	金额	月	日	字	号	摘要	金额

以上各种账簿总结见表 5－8。

表 5－8　账簿的种类及各账簿的关系

分类标准		种　类	各账簿的关系
用途	序时账簿	普通日记账	一般采用两栏式账簿
		特种日记账（现金、银行存款）	采用订本账，账页格式一般采用"三栏式"，根据实际需要，也可采用"多栏式"
	分类账簿	总分类账簿	采用订本账，账页格式一般采用"三栏式"，根据实际需要，也可采用"多栏式"
		明细分类账簿	大多采用活页账的形式，账页格式主要有"三栏式""数量金额式""多栏式""横线登记式"
	备查账簿		
外表形式	订本式账簿		一般适用于重要的具有统驭性的账簿，如总分类账、现金日记账、银行存款日记账等
	活页式账簿		一般适用于各种明细分类账
	卡片式账簿		如固定资产明细账等
账页格式	两栏式账簿		适用于普通日记账等
	三栏式账簿		适用于各种日记账、总分类账以及资本、债权、债务明细账等
	数量金额式账簿		适用于既需进行金额核算，又需进行实物数量核算的各种财产物资明细账
	多栏式账簿		主要适用于费用、成本、收入、利润等账户的明细核算
	横线登记式账簿		一般适用于材料采购、其他应收款等账户的明细核算

三、账簿的基本内容

各种账簿记录的经济业务内容不同，账簿格式多种多样，但会计账簿一般应具备以下基本内容：

（1）封面。封面应写明账簿的名称，如现金日记账、银行存款日记账、总分类账等。

（2）扉页。扉页包括"账簿启用及交接表"和"账户目录"。基本格式见表5-9、表5-10。

表5-9　账簿启用及交接表

单位名称			印花粘贴处				
账簿名称及册数	（第　册）						
账簿编号及页数	第　号至第　号共计　页						
启用日期	公元　年　月　日						
负责人		主办会计		复核		记账	
姓　名	盖章	姓　名	盖章	姓　名	盖章	姓　名	盖章
经管人员				接管		交出	
职　别		姓　名		年 月 日	盖章	年 月 日	盖章

表5-10　账户目录

顺序	编码	科目	页码	顺序	编码	科目	页码	顺序	编码	科目	页码

（3）账页。账页是账簿的主要内容。账页格式因其反映的内容不同而有所不同，但一般应包括以下基本内容：账户的名称（即会计科目）、记账日期、凭证种类和号数、摘要、金额及余额方向、总页次和分户页次等。

任务二　会计账簿的设置与登记

一、账簿的启用与交接

账簿是储存数据资料的重要会计档案,登记账簿要有专人负责。为了保证账簿记录的严肃性和合法性,明确记账责任,保证资料的完整,在账簿启用时,应在账簿的有关位置记录相关信息。

(1) 在账簿封面上填明单位名称和账簿名称。

(2) 填写"账簿启用及交接表"。其主要内容包括:启用日期、账簿页数、记账人员和会计机构负责人、会计主管人员姓名,并加盖名章和单位公章。记账人员或者会计机构负责人、会计主管人员调动工作时,应当注明交接日期、接办人员或者监交人员姓名,并由交接双方人员签名或者盖章。

(3) 填写账户目录。启用订本式账簿,应当从第一页到最后一页顺序编定页数,不得跳页、缺号,并填写账户目录中的科目名称和页码。使用活页式账页,应当按账户顺序编号,并定期装订成册;装订后再按实际使用的账页顺序编定页码,另加目录,记明每个账户的名称和页次。

二、登记账簿的基本要求

会计人员应当根据审核无误的会计凭证登记会计账簿。登记账簿的基本要求是:

(1) 登记会计账簿时,应当将会计凭证日期、编号、业务内容摘要、金额和其他有关资料逐项记入账内,做到数字准确、摘要清楚、登记及时、字迹工整。

(2) 登记完毕后,要在记账凭证上签名或者盖章,并注明已经登账的符号(如划"√"号等),表示已经记账。

(3) 账簿中书写的文字和数字上面要留有适当空格,不要写满格;一般应占格距的1/2。

(4) 登记账簿要用蓝黑墨水或者碳素墨水书写,不得使用圆珠笔(银行的复写账簿除外)或者铅笔书写。

(5) 下列情况,可以用红色墨水记账:

① 按照红字冲账的记账凭证,冲销错误记录;

② 在不设借贷等栏的多栏式账页中,登记减少数;

③ 在三栏式账户的余额栏前,如未印明余额方向的,在余额栏内登记负数余额;

④ 根据国家统一会计制度的规定可以用红字登记的其他会计记录。

(6) 各种账簿按页次顺序连续登记,不得跳行、隔页。如果发生跳行、隔页,应当将空行、空页划线注销,或者注明"此行空白""此页空白"字样,并由记账人员签名或者盖章。

(7) 凡需要结出余额的账户,结出余额后,应当在"借或贷"等栏内写明"借"或者"贷"等字样。没有余额的账户,应当在"借或贷"等栏内写"平"字,并在余额栏内用"θ"表示。现金和银行存款日记账必须逐日结出余额。

(8) 每一账页登记完毕结转下页时,应当结出本页合计数及余额,写在本页最后一行和下页第一行有关栏内,并在摘要栏内分别注明"过次页"和"承前页"字样。

(9) 账簿记录发生错误,不准涂改、挖补、刮擦或者用药水消除字迹,不准重新抄写,必须按照规定的方法进行更正(详见任务三)。

实行会计电算化的单位,总账和明细账应当定期打印。发生收款和付款业务的,在输入收款凭证和付款凭证的当天必须打印出现金日记账和银行存款日记账,并与库存现金核对无误。

三、日记账的设置与登记

(一) 普通日记账的设置与登记

普通日记账也称分录簿,一般只设"借方""贷方"两个金额栏。我国和西方会计分录载体是不相同的,我国会计采用记账凭证,而西方会计采用的是普通日记账。普通日记账的登记方法是:根据审核无误的经济业务的原始凭证记入普通日记账相应栏目内。具体见表5-11。

表 5-11 普通日记账　　　　　第　页

年		凭证		摘要	会计科目	借方金额	贷方金额	过账
月	日	种类	编号					
略	略	略	略	购入材料货款未付	原材料 应付账款	5 000	5 000	
				从银行提取现金	库存现金 银行存款	3 500	3 500	
				生产产品领用原材料	生产成本 原材料	2 000	2 000	

(二) 特种日记账的设置与登记

任何单位都应设置现金日记账和银行存款日记账,用来序时反映现金和银行存款的收入、支出和结存情况,从而加强对货币资金的监督和管理。现金日记账和银行存款日记账必须采用订本式账簿,账页格式一般采用"三栏式",而为了更清晰地反映账户的对应关系,全面掌握货币资金的收入来源和支出用途,也可以采用"多栏式"账页格式。多栏式现金(银行存款)日记账的一般格式见表5-12至表5-14。

表 5-12 现金(银行存款)日记账　　　　　第　页

年		凭证		摘要	结算凭证		收入		支出		结存
月	日	字	号		种类	号数	应贷科目	合计	应借科目	合计	

表 5－13　现金（银行存款）收入日记账　　　　　　　　　　　　　　　　　　第　　页

年		凭证		摘要	结算凭证		贷方科目			支出合计	结存
月	日	字	号		种类	号数			收入合计		

表 5－14　现金（银行存款）支出日记账　　　　　　　　　　　　　　　　　　第　　页

年		凭证		摘要	结算凭证		借方科目			支出合计	结存
月	日	字	号		种类	号数					

1. 现金日记账的登记

现金日记账是由出纳人员根据审核无误的现金收款凭证、现金付款凭证和银行存款付款凭证（记录从银行提取现金的业务），按经济业务发生的先后顺序，逐日逐笔进行登记的账簿。每日营业终了，应分别计算现金收入和现金支出的合计数，并结算出余额，同时与出纳员保管的库存现金核对，即通常所说的"日清"。如账实不符，应查明原因，并进行相应记录。月终计算现金收入、支出的合计数和余额，即通常所说的"月结"。现以一案例具体说明现金日记账的登记。

【例 5－1】　某企业 20××年 8 月现金日记账期初余额为 3 000 元，银行存款日记账期初余额为 300 000 元。8 月上旬发生下列经济业务（以会计分录代替记账凭证），请根据资料登记现金日记账。

```
1 日    借:银行存款              60 000     （银收字第 1 号）
          贷:实收资本                        60 000
2 日    借:应付账款              20 000     （银付字第 1 号）
          贷:银行存款                        20 000
3 日    借:库存现金               5 000     （银付字第 2 号）
          贷:银行存款                         5 000
4 日    借:银行存款              50 000     （银收字第 2 号）
          贷:应收账款                        50 000
5 日    借:原材料                40 000     （银付字第 3 号）
          贷:银行存款                        40 000
6 日    借:销售费用                 800     （现付字第 1 号）
          贷:库存现金                           800
7 日    借:管理费用               1 800     （银付字第 4 号）
          贷:银行存款                         1 800
8 日    借:银行存款              51 750     （银收字第 3 号）
          贷:主营业务收入                    51 750
9 日    借:银行存款               6 000     （现付字第 2 号）
          贷:库存现金                         6 000
```

现金日记账的登记方法是：

① 日期栏，指记账凭证的日期，应与实际收付现金的日期一致。

② 凭证栏，登记入账的收、付款凭证的种类和编号，如"现金收款凭证"，简写为"现收"；"银行存款付款凭证"，简写为"银付"等。凭证栏还应登记凭证的编号数，以便查对。

③ 摘要栏，简明扼要地说明经济业务的基本内容。

④ 对方科目栏，现金收入的来源科目或支出的用途科目，其作用是为了了解现金的来龙去脉，应根据收、付款凭证中所列的对方科目登记。

⑤ 收入（借方）、支出（贷方）金额栏，现金实际收付的金额。

⑥ 余额栏，根据公式"上日余额+本日收入−本日支出＝本日余额"，逐日结出现金余额。

[例 5-1] 的现金日记账登记见表 5-15。

表 5-15 库存现金日记账（三栏式）

（不要写满格，一般占格距的1/2）

2022年		凭证		摘要	对方科目	√	收入（借方）金额	支出（贷方）金额	余额
月	日	字	号				千百十万千百十元角分	千百十万千百十元角分	千百十万千百十元角分
8	1			期初余额					3 0 0 0 0 0
	3	银付	2	提现	银行存款		5 0 0 0 0 0		8 0 0 0 0 0
	6	现付	1	支付广告费	销售费用			8 0 0 0 0	7 2 0 0 0 0
	9	现付	2	现金存入银行	银行存款			6 0 0 0 0 0	1 2 0 0 0 0

2. 银行存款日记账的登记

银行存款日记账是由出纳人员根据审核无误的银行存款收款凭证、银行存款付款凭证和现金付款凭证（记录将现金存入银行的业务），按经济业务发生的先后顺序，逐日逐笔进行登记的账簿。银行存款日记账也应做到"日清月结"，并定期与银行对账单核对，保证账实相符。

银行存款日记账的登记方法与现金日记账基本相同。但结算凭证栏中的结算凭证种类，应根据收、付款凭证所附的银行结算凭证登记，如现金支票、转账支票等。结算凭证号数，可根据银行结算凭证的编号登记。[例 5-1] 的银行存款日记账登记如下，见表 5-16。

表 5-16 银行存款日记账（三栏式）

2022年		凭 证		摘要	对方科目	√	收入（借方）金额	支出（贷方）金额	余 额
月	日	字	号				千百十万千百十元角分	千百十万千百十元角分	千百十万千百十元角分
8	1			期初余额					3 0 0 0 0 0 0
	1	银收	1	略	略		6 0 0 0 0 0		3 6 0 0 0 0 0
	2	银付	1					2 0 0 0 0 0	3 4 0 0 0 0 0
	3	银付	2					5 0 0 0 0	3 3 5 0 0 0 0
	4	银收	2				5 0 0 0 0 0		3 8 5 0 0 0 0
	5	银付	3					4 0 0 0 0 0	3 4 5 0 0 0 0
	7	银付						1 8 0 0 0	3 4 3 2 0 0 0
	8	银收	3				5 1 7 5 0 0 0		3 9 4 9 5 0 0 0
	9	现付	2				6 0 0 0 0 0		4 0 0 9 5 0 0 0

知识链接 5-1

多栏式现金(银行存款)日记账

多栏式现金(银行存款)日记账账页格式有两种:一种是将收入栏和支出栏合并设置(见表 5-12),另一种是将收入栏和支出栏分开设置(见表 5-13、表 5-14)。

多栏式现金(银行存款)日记账(见表 5-12)的登记方法是:根据审核无误的相关收、付款凭证分别记入"收入"或"支出"栏的对应科目内,并计算出相应的合计栏金额。每日营业终了,要结算出收入合计和支出合计,并结出本日余额。

多栏式现金(银行存款)日记账(见表 5-13、表 5-14)的登记方法是:根据审核无误的相关收、付款凭证逐日逐笔登记现金(银行存款)收入日记账和支出日记账。每日营业终了,应将支出日记账中当日支出合计数,转入收入日记账中当日支出合计栏内,以结算当日账面余额。

四、分类账的设置与登记

(一)总分类账的设置与登记

总分类账既能全面、总括地反映全部经济业务,又能为编制会计报表提供依据,因而,任何会计主体都要设置总分类账。总分类账一般采用三栏式的订本账,根据实际需要也可采用多栏式总分类账。

总分类账可以根据记账凭证逐笔登记,也可以根据经过汇总的科目汇总表或汇总记账凭证等登记。总分类账登记的依据和方法主要取决于单位所采用的账务处理程序。(有关账务处理程序详见任务五)

(二)明细分类账的设置与登记

明细分类账能够分类、详细地记录有关资产、负债、所有者权益及收入、费用和利润的情况,提供会计核算的明细资料,也是编制会计报表的资料依据,所以各会计主体在设置总账的基础上,还要根据经营管理的需要,设置必要的明细账。明细分类账大多采用活页账的形式,账页格式主要有"三栏式""数量金额式""多栏式""横线登记式"。不同类型经济业务的明细分类账可根据管理需要,依据记账凭证、原始凭证或汇总原始凭证逐日逐笔或定期汇总登记。

1. 三栏式账簿

现以[例 5-2]说明三栏式明细分类账的登记。

【例 5-2】某企业 2022 年 8 月应收安泰公司货款期初借方余额 8 000 元,原材料 A 期初余额为 6 000 元(500 吨)。8 月上旬发生下列经济业务(不考虑税金),请根据资料登记应收账款——安泰公司明细账。

3 日　借:银行存款　　　　　　　　　5 000　　（银收字第 1 号）
　　　　　贷:应收账款——安泰公司　　　　　5 000

4 日　借:原材料——A 材料　　　　　3 600　　（300 吨　银付字第 1 号）

```
        贷:银行存款                    3 600
6 日  借:生产成本——甲产品           7 200
        贷:原材料——A 材料            7 200    (600吨 转字第1号)
7 日  借:应收账款——安泰公司         4 500    (转字第2号)
        贷:主营业务收入                4 500
```

"应收账款——安泰公司"明细账登记见表5-17。

表 5-17　应收账款明细账

单位名称:安泰公司　　　　　　　　　　　　　　　　　　　　　　　　　　　　　　　　第　页

2022年		凭　证		摘　要	借　方	贷　方	借或贷	余　额
月	日	字	号					
8	1			期初余额			借	8 000
	3	银收	1	收回前欠货款		5 000	借	3 000
	7	转	2	销售产品未收款	4 500		借	7 500

2. 数量金额式账簿

仍以[例5-2]说明数量金额式明细分类账的登记。根据[例5-2]的资料,A 材料明细账登记见表5-18。

表 5-18　原材料明细账

材料名称:A 材料　　　　　　　　　　　　　　　　　　　　　　　　　　　　　　　　　第　页

2022年		凭　证		摘　要	借　方			贷　方			余　额		
月	日	字	号		数量	单价	金额	数量	单价	金额	数量	单价	金额
8	1			期初余额							500	12	6 000
	4	银付	1	购入原材料	300	12	3 600				800	12	9 600
	6	转	1	生产领用材料				600	12	7 200	200	12	2 400

3. 多栏式账簿

多栏式明细分类账按记录的经济业务不同,可分为借方多栏式、贷方多栏式、借方贷方多栏式三种。

1)借方多栏式明细分类账

借方多栏式明细分类账适用于借方需设置若干明细项目的成本、费用账户,如生产成本、制造费用、财务费用、管理费用、销售费用等账户的明细账。借方多栏式明细账平时在借方登记成本、费用发生额,贷方登记期末将借方发生额一次转出的数额,平时如发生贷方发生额,应用"红字"在借方有关栏内登记,表示应从借方发生额中冲减。借方多栏式明细账的登记见表5-19。

表 5–19　制造费用明细账　　　　　　　　　　　　　　　第　页

2022年		凭证		摘要	借方				贷方	余额
月	日	字	号		水电费	折旧费	工资	合计		
					1 000			1 000		1 000
略	略			略		3 000		3 000		4 000
							3 200	3 200		7 200

2）贷方多栏式明细分类账

贷方多栏式明细分类账适用于贷方需设置若干明细项目的账户,如主营业务收入、其他业务收入等账户的明细账。贷方多栏式明细账平时在贷方登记收入发生额,借方登记期末将贷方发生额一次转出的数额,平时如发生借方发生额,应用"红字"在贷方有关栏内登记。贷方多栏式明细账见表 5–20。

表 5–20　贷方多栏式明细账　　　　　　　　　　　　　　第　页

年		凭证		摘要	借方	贷方				余额
月	日	字	号						合计	

3）借方贷方多栏式明细分类账

借方贷方多栏式明细分类账适用于借方、贷方都需设置若干明细项目的账户,如本年利润等账户的明细账。

4. 横线登记式账簿

横线登记式明细分类账的借方一般按记账凭证的编号顺序逐日逐笔进行登记,贷方不需要按记账凭证编号顺序逐日逐笔进行登记,而应在借方记录的同一行内进行登记。同一行内如果借方、贷方都有记录,表明该项经济业务已处理完毕;如果只有借方记录,没有贷方记录,则表示该项经济业务尚未结束。横线登记式明细分类账的登记见表 5–21。

表 5–21　其他应收款明细账

户名:备用金　　　　　　　　　　　　　　　　　　　　　　　　第　页

借方						贷方					
2022年		凭证		摘要	金额	20××年		凭证		摘要	金额
月	日	字	号			月	日	字	号		
8	1	现付	1	王明借差旅费	900	8	16	转	20	王明报销差旅费	900

（三）总分类账和明细分类账的平行登记

平行登记是指经济业务发生后,根据会计凭证,一方面要登记有关的总分类账户;另一方面,要登记所属的明细分类账户。

总分类账和明细分类账平行登记的要点如下：

（1）依据相同,期间相同。对每一项经济业务,应根据审核无误的会计凭证,在同一会计期间内,一方面记入有关的总分类账户,另一方面记入所属的明细分类账户。

（2）方向相同。对每一项经济业务,记入总分类账户的方向应与记入所属明细分类账户的方向一致。

（3）金额相等。对每一项经济业务,记入总分类账户的金额必须与记入所属明细分类账户的金额之和相等。

平行登记使总分类账户和其所属明细分类账户之间存在着以下平衡关系：总分类账户期初余额与其所属明细分类账户期初余额合计相等；总分类账户本期发生额与其所属明细分类账本期发生额合计相等；总分类账户期末余额与其所属明细分类账户期末余额合计相等。

在会计实务中,利用上述关系可编制"总分类账户与明细分类账户发生额及余额对照表",其格式见表5-22,以检查总分类账户与所属明细分类账户平行登记是否正确、完整。如发现不平衡,应及时查明原因,予以更正。

表 5-22　总分类账户与明细分类账户发生额及余额对照表　　　　　　单位:元

明细分类账户名称	期初余额		本期发生额		期末余额	
	借方	贷方	借方	贷方	借方	贷方
合计						

现以[例5-3]具体说明总分类账和明细分类账的平行登记。

【例5-3】　某企业2022年8月"应付账款"账户的期初贷方余额为2 000元,其中,应付A企业800元,应付B企业1 200元。本月发生下列经济业务(以会计分录代替记账凭证),请根据资料进行平行登记。

```
2日    借:原材料                            8 000
          贷:应付账款——A企业                8 000
8日    借:应付账款——A企业                  4 500
              ——B企业                      1 000
          贷:银行存款                        5 500
```

具体的平行登记方法见表5-23至表5-26。

表 5-23　应付账款总分类账　　　　　　　　　　第　页

2022年		凭证		摘　要	借　方	贷　方	借或贷	余　额
月	日	字	号					
8	1			期初余额			贷	2 000
	2	略		购材料未付款		8 000	贷	10 000
	8			偿还货款	5 500		贷	4 500
	31			本月合计	5 500	8 000	贷	4 500

表 5-24　应付账款明细分类账

单位名称：A 企业　　　　　　　　　　　　　　　　　　　　　　　第　页

2022年		凭证		摘　要	借　方	贷　方	借或贷	余　额
月	日	字	号					
8	1			期初余额			贷	800
	2	略		购材料未付款		8 000	贷	8 800
	8			偿还货款	4 500		贷	4 300
	31			本月合计	4 500	8 000	贷	4 300

表 5-25　应付账款明细分类账

单位名称：B 企业　　　　　　　　　　　　　　　　　　　　　　　第　页

2022年		凭证		摘　要	借　方	贷　方	借或贷	余　额
月	日	字	号					
8	1			期初余额			贷	1 200
	8	略		偿还货款	1 000		贷	200
	31			本月合计	1 000		贷	200

表 5-26　总分类账户与明细分类账户发生额及余额对照表　　　　　　单位：元

明细分类账户名称	期初余额		本期发生额		期末余额	
	借方	贷方	借方	贷方	借方	贷方
A 企业		800	4 500	8 000		4 300
B 企业		1 200	1 000			200
合　计		2 000	5 500	8 000		4 500

将"总分类账户与明细分类账户发生额及余额对照表"中的合计栏各项数额分别与"应付账款"总分类账户的期初余额、本期发生额、期末余额对照，以检查总分类账户和其所属明细分类账户之间的平衡关系。从[例 5-3]结果可以看出，这些金额分别相等。

五、备查账簿的设置与登记

备查账簿可为某些经济业务的内容提供必要的补充资料,它一般没有固定的格式,各单位可根据实际需要来设置,如租入固定资产登记簿,其格式见表 5-27。

表 5-27 租入固定资产登记簿

固定资产名称及规格	租约合同号数	租出单位	租入日期	租 金	使用部门		归还日期	备 注
					日期	部门		

任务三 错账的更正

在记账过程中,由于种种原因可能会使账簿记录发生错误。如果账簿记录发生错误,应根据具体情况采用适当的方法予以更正。错账的更正方法一般有划线更正法、红字更正法、补充登记法三种。

一、划线更正法

在结账前发现账簿记录有文字或数字错误,而记账凭证没有错误,采用划线更正法进行更正。更正时,应当将错误的文字或者数字划红线注销,但必须使原有字迹仍可辨认;然后在划线上方填写正确的文字或者数字,并由记账人员在更正处盖章。对于错误的数字,应当全部划红线更正,不得只更正其中的错误数字。对于文字错误,可只划去错误的部分。

【例 5-4】 某账簿记录中,将 6 578.50 元误记为 6 758.50 元。更正如下,如图 5-1 所示。

6578.50
—6758.50— 盖章

图 5-1 划线更正法

二、红字更正法

红字更正法一般适用于下列两种错账情况的更正:

(1)由于记账凭证中应借、应贷的会计科目有错误,造成记账后的账簿记录错误。现以[例 5-5]具体说明对这种账簿记录错误进行更正的方法。

【例 5-5】 某企业计提本月管理部门用固定资产折旧 3 000 元。编制记账凭证时误编为以下会计分录并据以入账。

借:制造费用 3 000
  贷:累计折旧 3 000

分析：

由于管理部门用固定资产的折旧应计入"管理费用"，以上分录造成"制造费用"多计 3 000 元，而"管理费用"少计 3 000 元。请予以更正。

具体更正如下：

① 用红字金额填写一张与原错误记账凭证内容相同的记账凭证，并据以入账，以冲销账簿中原错误记录。（注：在不允许用红色字的情况下，可用 ▢ 表示红字，3 000 可写成 |3 000|）

|借：制造费用　　　　　　　　　　　　　　　　　　　3 000
|　　贷：累计折旧　　　　　　　　　　　　　　　　　　　　　3 000

② 用蓝字填写一张正确的记账凭证，并据以入账。

|借：管理费用　　　　　　　　　　　　　　　　　　　3 000
|　　贷：累计折旧　　　　　　　　　　　　　　　　　　　　　3 000

据以上更正的凭证登记账簿，如图 5 – 2 所示。

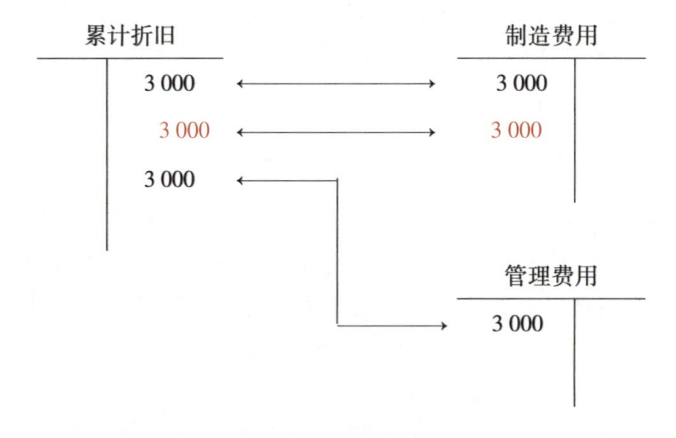

图 5 – 2　红字更正法

（2）记账凭证中应借、应贷的会计科目无误，但所记金额大于应记金额，从而造成记账后账簿记录错误。现以[例 5 – 6]具体说明对这种账簿记录错误进行更正的方法。

【例 5 – 6】 某企业计提本月管理部门用固定资产折旧 3 000 元。编制记账凭证时误编为以下会计分录并据以入账。

|借：管理费用　　　　　　　　　　　　　　　　　　　30 000
|　　贷：累计折旧　　　　　　　　　　　　　　　　　　　　30 000

分析：

由于折旧金额应为 3 000 元，所以，以上分录造成"管理费用"和"累计折旧"均多计 27 000 元，应予以更正。

将多记金额用红字填制一张记账凭证，其他内容与原凭证相同，并据以入账，以冲销多记金额。

|借：管理费用　　　　　　　　　　　　　　　　　　　27 000
|　　贷：累计折旧　　　　　　　　　　　　　　　　　　　　27 000

据以上更正的凭证登记账簿,如图 5-3 所示。

```
        累计折旧                            管理费用
         30 000    ←——————→                30 000
         27 000    ←——————→                27 000
```

图 5-3　红字更正法

三、补充登记法

记账凭证中应借、应贷的会计科目无误,但所记金额小于应记金额,造成记账后账簿记录错误时,采用补充登记法进行更正。现以[例 5-7]具体说明对这种账簿记录错误进行更正的方法。

【例 5-7】　某企业计提本月管理部门用固定资产折旧 3 000 元。编制记账凭证时误编为以下会计分录并据以入账。

借:管理费用　　　　　　　　　　　　　　　　　　　300
　　贷:累计折旧　　　　　　　　　　　　　　　　　300

分析:

由于折旧金额应为 3 000 元,所以,以上分录造成"管理费用"和"累计折旧"均少计 2 700元,应予以更正。

将少记金额用蓝字填制一张与原凭证相同的凭证,并据以入账,以补充少记金额。

借:管理费用　　　　　　　　　　　　　　　　　　2 700
　　贷:累计折旧　　　　　　　　　　　　　　　　2 700

据以上更正的凭证登记账簿,如图 5-4 所示。

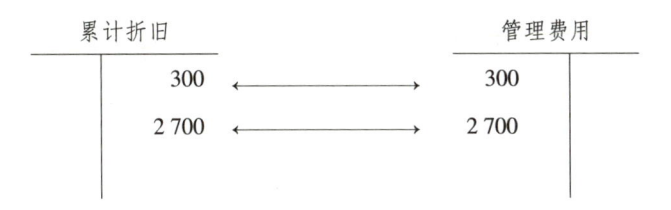

```
        累计折旧                            管理费用
          300      ←——————→                  300
         2 700     ←——————→                 2 700
```

图 5-4　补充登记法

任务四　对账和结账

为了总结某一会计期间(如月份、季度、年度)的经济活动情况,考核经营成果,为编制会计报表提供可靠的数据资料,必须使各种账簿的记录保持完整和正确。为此,必须定期进行对账和结账工作。

一、对账

对账,就是核对账目,是保证会计账簿记录质量的重要工作。各单位应当定期对会计账簿记录的有关数字与库存实物、货币资金、有价证券、往来单位或者个人等进行相互核对,保证账证相符、账账相符、账实相符。

对账主要包括账证核对、账账核对、账实核对三个方面的内容。

(一) 账证核对

账证核对是指核对会计账簿记录与原始凭证、记账凭证的时间、凭证字号、内容、金额是否一致,记账方向是否相符。

(二) 账账核对

账账核对是指核对不同会计账簿之间的账簿记录是否相符,主要包括:
(1) 总账有关账户的余额核对。这种核对应通过编制总账账户试算平衡表进行。
(2) 总账与明细账核对。这种核对可通过编制总账账户与其明细账户发生额及余额对照表进行。
(3) 总账与日记账核对。现金总账和银行存款总账的期末余额分别与现金日记账和银行存款日记账的期末余额核对。
(4) 会计部门的财产物资明细账与财产物资保管和使用部门的有关明细账核对。

(三) 账实核对

账实核对是指核对会计账簿记录与财产等实有数额是否相符,主要包括:
(1) 现金日记账账面余额与现金实际库存数相核对。
(2) 银行存款日记账账面余额定期与银行对账单相核对。
(3) 各种财物明细账账面余额与财物实存数额相核对。
(4) 各种应收、应付款明细账账面余额与有关债务、债权单位或者个人核对。
以上各种账实核对是通过财产清查的方法进行的。(有关财产清查的内容详见项目六)

二、结账

结账是在把一定时期内所发生的经济业务全部登记入账的基础上,将各种账簿记录结算清楚,确定各账户的本期发生额和期末余额。各单位应当按照规定定期结账。

（一）结账的程序

（1）结账前，将本期发生的经济业务全部登记入账，并保证其正确性。对于发现的错误，应采用适当的方法进行更正。

（2）在本期经济业务全面入账的基础上，根据权责发生制的要求，调整有关账项，合理确定应计入本期的收入和费用。

（3）将各损益类账户余额全部转入"本年利润"账户，结平所有损益类账户。

（4）结出资产、负债和所有者权益账户的本期发生额和余额，并转入下期。

上述工作完成后，就可以根据总分类账和明细分类账的本期发生额和期末余额，分别进行试算平衡。

（二）结账的方法

结账按时间分为月结、季结和年结。结账的方法采用划线结账法，月结和季结采用通栏划单红线，年结采用通栏划双红线。但在具体结账时，不同的账户应采用不同的方法。

（1）对不需按月结计本期发生额的账户，每次记账以后，都要随时结出余额，每月最后一笔余额是月末余额，即月末余额就是本月最后一笔经济业务记录的同一行内余额。月末结账时，只需要在最后一笔经济业务记录之下通栏划单红线，不需要再次结计余额。本月没有发生经济业务的，不用结账。

（2）库存现金、银行存款日记账和需要按月结计发生额的收入、费用等明细账，每月结账时，要在最后一笔经济业务记录下面通栏划单红线，结出本月发生额和余额，在摘要栏内注明"本月合计"字样，并在下面通栏划单红线。

（3）对于需要结计本年累计发生额的明细账户，每月结账时，应在"本月合计"行下结出自年初起至本月末止的累计发生额，登记在月份发生额下面，在摘要栏内注明"本年累计"字样，并在下面通栏划单红线。12月末的"本年累计"就是全年累计发生额，全年累计发生额下通栏划双红线。

（4）总账账户平时只需结出月末余额，即只需要在最后一笔经济业务记录下面通栏划单红线。但若据记账凭证逐笔登记的总账，要在最后一笔经济业务记录下面通栏划单红线，结出本月发生额和余额，在摘要栏内注明"本月合计"字样，并在下面通栏划单红线。年终结账时，为了总括地反映全年各项资金运动情况的全貌，核对账目，要将所有总账账户结出全年发生额和年末余额，在摘要栏内注明"本年合计"字样，并在合计数下通栏划双红线。

（5）年度终了结账时，有余额的账户，应将其余额结转下年，并在摘要栏注明"结转下年"字样；在下一会计年度新建有关会计账簿的第一行余额栏内填写上年结转的余额，并在摘要栏注明"上年结转"字样。现以"库存现金"账户为例说明结账方法，见表5-28。

表 5-28 总分类账

会计科目：库存现金

2023年		凭证字号	摘要	借方	贷方	借或贷	余额
月	日						
1	1		上年结转			借	800
	⋮						
	31	略	本月合计	2 600	1 800	借	1 600
	⋮						
2	28		本月合计	3 000	2 800	借	1 800
	⋮						
12	31		本月合计	2 700	2 200	借	1 000
12	31		本年合计	30 000	29 800	借	1 000
			结转下年				

三、账簿的更换与保管

（一）账簿的更换

在每一会计年度结束，新一会计年度开始时，应按会计制度的规定，更换一次总账、日记账和大部分明细账。少部分明细账还可以继续使用，年初可以不必更换账簿，如固定资产明细账等。

（二）账簿的保管

会计账簿是会计工作的重要历史资料，也是重要的经济档案，必须按规定妥善保管，不得丢失和任意销毁。

年度结账后，更换下来的账簿，可暂由会计部门保管一年，期满之后，由会计部门编制移交清册，移交本单位档案部门保管。总账、明细账、辅助账簿保管期限为30年，现金日记账和银行存款日记账保管期限为30年。

任务五　账务处理程序

一、账务处理程序概述

账务处理程序，也称会计核算组织程序或会计核算形式，是指会计凭证、会计账簿、会计报表相结合的方式。该程序包括会计凭证和账簿的种类、格式，会计凭证与账簿之间的联系方式，由原始凭证到编制记账凭证、登记明细分类账和总分类账、编制会计报表的工作程序和方法等。

会计凭证、会计账簿、会计报表之间的结合方式不同，形成了不同的账务处理程序，不同的账务处理程序又有不同的方法、特点和适用范围。科学、合理地选择适用于本单位的账务处理程序，对于提高会计核算工作效率，保证会计核算工作质量，有效地组织会计核算具有重要意义。

在我国，各单位采用的账务处理程序主要有：
（1）记账凭证账务处理程序；
（2）科目汇总表账务处理程序；
（3）汇总记账凭证账务处理程序；
（4）多栏式日记账账务处理程序。

以上账务处理程序有许多共同之处，但也存在着差异。各种账务处理程序之间的区别，主要表现在登记总账的依据和方法不同。

二、记账凭证账务处理程序

（一）记账凭证账务处理程序的主要特点

记账凭证账务处理程序是指对发生的经济业务，都要根据原始凭证或汇总原始凭证编制记账凭证，然后直接根据记账凭证逐笔登记总分类账的一种账务处理程序。其主要特点是：直接根据记账凭证逐笔登记总分类账。

（二）记账凭证账务处理程序设置的凭证和账簿

记账凭证可以是通用记账凭证，也可以分设收款凭证、付款凭证和转账凭证。需要设置的账簿有现金日记账、银行存款日记账、明细分类账和总分类账，其中现金日记账、银行存款日记账和总分类账一般采用三栏式，明细分类账根据需要采用三栏式、多栏式或数量金额式等。

（三）记账凭证账务处理程序的基本步骤

记账凭证账务处理程序的基本步骤如图5-5所示。

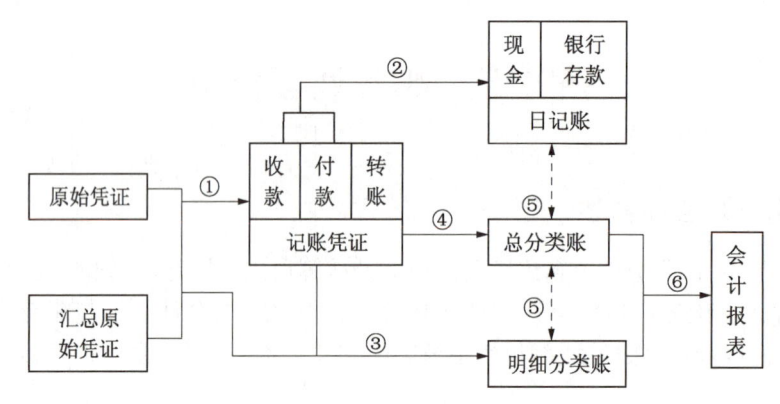

图 5-5 记账凭证账务处理程序的基本步骤

① 根据原始凭证或汇总原始凭证,编制记账凭证;
② 根据收款凭证、付款凭证逐笔登记现金日记账和银行存款日记账;
③ 根据原始凭证、汇总原始凭证和记账凭证,登记各种明细分类账;
④ 根据记账凭证逐笔登记总分类账;
⑤ 期末,现金日记账、银行存款日记账和明细分类账的余额同有关总分类账的余额核对相符;
⑥ 期末,根据总分类账和明细分类账的记录,编制会计报表。

(四)记账凭证账务处理程序应用案例

【例 5-8】 天星企业 2023 年 1 月各账户的期初余额如下(金额单位:元):

账　户	期初余额	
	借方	贷方
库存现金	1 000	
银行存款	130 000	
应收账款	10 000	
原材料	120 000	
库存商品	60 000	
固定资产	830 000	
累计折旧		40 000
短期借款		35 000
应付账款		20 000
实收资本		600 000
盈余公积		456 000
合　　计	1 151 000	1 151 000

1月份该企业发生下列各项经济业务(不考虑相关税金):

3日,购进甲材料一批,价款10 000元。材料全部验收入库,款项以银行存款支付。

5日,生产车间领用甲材料40 000元,其中生产A产品30 000元,生产B产品10 000元。

7日,从银行提取现金1 000元。

8日,用银行存款50 000元购入生产设备一台。

9日,收到购货单位前欠货款5 000元存入银行。

12日,以银行存款16 000元归还短期借款。

15日,销售产品一批,价款40 000元,货款未收。

18日,以银行存款支付广告费3 000元。

19日,购入甲材料一批,价款15 000元。材料全部验收入库,款项尚未支付。

22日,行政管理部门购买办公用品600元,以现金支付。

26日,用银行存款偿还应付供货单位材料款3 000元。

31日,结转已销产品成本15 000元。

31日,分配工资40 000元,其中A产品生产工人工资15 000元,B产品生产工人工资12 000元,生产车间管理人员工资6 000元,行政管理部门人员工资7 000元。

31日,计提当月固定资产折旧10 000元,其中生产车间6 000元,行政管理部门4 000元。

31日,结转制造费用12 000元,其中A产品6 600元,B产品5 400元。

31日,将本月的"主营业务收入"账户余额转入"本年利润"账户。

31日,将本月的"主营业务成本""销售费用""管理费用"账户余额转入"本年利润"账户。

分析:

根据上述资料采用记账凭证账务处理程序进行账务处理。(以下仅分析步骤①和④)

步骤①:根据原始凭证或汇总原始凭证,编制记账凭证(以会计分录代替记账凭证)。

3日	借:原材料——甲材料	10 000		(付字第1号)
	贷:银行存款		10 000	
5日	借:生产成本——A产品	30 000		(转字第1号)
	——B产品	10 000		
	贷:原材料——甲材料		40 000	
7日	借:库存现金	1 000		(付字第2号)
	贷:银行存款		1 000	
8日	借:固定资产	50 000		(付字第3号)
	贷:银行存款		50 000	
9日	借:银行存款	5 000		(收字第1号)
	贷:应收账款		5 000	
12日	借:短期借款	16 000		(付字第4号)
	贷:银行存款		16 000	
15日	借:应收账款	40 000		(转字第2号)
	贷:主营业务收入		40 000	
18日	借:销售费用	3 000		(付字第5号)

		贷:银行存款	3 000	
19 日	借:	原材料——甲材料	15 000	(转字第 3 号)
		贷:应付账款	15 000	
22 日	借:	管理费用	600	(付字第 6 号)
		贷:库存现金	600	
26 日	借:	应付账款	3 000	(付字第 7 号)
		贷:银行存款	3 000	
31 日	借:	主营业务成本	15 000	(转字第 4 号)
		贷:库存商品	15 000	
31 日	借:	生产成本——A 产品	15 000	(转字第 5 号)
		——B 产品	12 000	
		制造费用	6 000	
		管理费用	7 000	
		贷:应付职工薪酬	40 000	
31 日	借:	制造费用	6 000	(转字第 6 号)
		管理费用	4 000	
		贷:累计折旧	10 000	
31 日	借:	生产成本——A 产品	6 600	(转字第 7 号)
		——B 产品	5 400	
		贷:制造费用	12 000	
31 日	借:	主营业务收入	40 000	(转字第 8 号)
		贷:本年利润	40 000	
31 日	借:	本年利润	29 600	(转字第 9 号)
		贷:主营业务成本	15 000	
		销售费用	3 000	
		管理费用	11 600	

步骤④:根据记账凭证逐笔登记总分类账,见表 5-29 至表 5-47。

表 5-29 总分类账

会计科目:库存现金　　　　　　　　　　　　　　　　　　　　　　　　　第　页

2023 年		凭 证		摘　要	借　方	贷　方	借或贷	余　额
月	日	字	号					
1	1			上年结转			借	1 000
	7	付	2	提现	1 000		借	2 000
	22	付	6	购办公用品		600	借	1 400
	31			本月合计	1 000	600	借	1 400

表 5-30 总分类账

会计科目:银行存款　　　　　　　　　　　　　　　　　　　　　　　　　　　　第　页

2023年		凭证		摘　要	借　方	贷　方	借或贷	余　额
月	日	字	号					
1	1			上年结转			借	130 000
	3	付	1	购入材料		10 000	借	120 000
	7	付	2	提现		1 000	借	119 000
	8	付	3	购生产设备		50 000	借	69 000
	9	收	1	收回货款	5 000		借	74 000
	12	付	4	归还借款		16 000	借	58 000
	18	付	5	支付广告费		3 000	借	55 000
	26	付	7	还欠货款		3 000	借	52 000
	31			本月合计	5 000	83 000	借	52 000

表 5-31 总分类账

会计科目:应收账款　　　　　　　　　　　　　　　　　　　　　　　　　　　　第　页

2023年		凭证		摘　要	借　方	贷　方	借或贷	余　额
月	日	字	号					
1	1			上年结转			借	10 000
	9	收	1	收回货款		5 000	借	5 000
	15	转	2	销售产品	40 000		借	45 000
	31			本月合计	40 000	5 000	借	45 000

表 5-32 总分类账

会计科目:生产成本　　　　　　　　　　　　　　　　　　　　　　　　　　　　第　页

2023年		凭证		摘　要	借　方	贷　方	借或贷	余　额
月	日	字	号					
1	5	转	1	生产领用材料	40 000		借	40 000
	31	转	5	分配工资	27 000		借	67 000
	31	转	7	结转制造费用	12 000		借	79 000
	31			本月合计	79 000		借	79 000

表 5-33　总分类账

会计科目：制造费用　　　　　　　　　　　　　　　　　　　　　　　　　　　第　页

2023年		凭证		摘要	借方	贷方	借或贷	余额
月	日	字	号					
1	31	转	5	分配工资	6 000		借	6 000
	31	转	6	计提折旧	6 000		借	6 000
	31	转	7	结转制造费用		12 000	平	0
	31			本月合计	12 000	12 000	平	0

表 5-34　总分类账

会计科目：原材料　　　　　　　　　　　　　　　　　　　　　　　　　　　　第　页

2023年		凭证		摘要	借方	贷方	借或贷	余额
月	日	字	号					
1	1			上年结转			借	120 000
	3	付	1	购入材料	10 000		借	130 000
	5	转	1	生产领用材料		40 000	借	90 000
	19	转	3	购入材料	15 000		借	105 000
	31			本月合计	25 000	40 000	借	105 000

表 5-35　总分类账

会计科目：库存商品　　　　　　　　　　　　　　　　　　　　　　　　　　　第　页

2023年		凭证		摘要	借方	贷方	借或贷	余额
月	日	字	号					
1	1			上年结转			借	60 000
	31	转	4	结转已销产品成本		15 000	借	45 000
	31			本月合计		15 000	借	45 000

表 5-36　总分类账

会计科目：固定资产　　　　　　　　　　　　　　　　　　　　　　　　　　　第　页

2023年		凭证		摘要	借方	贷方	借或贷	余额
月	日	字	号					
1	1			上年结转			借	830 000
	8	付	3	购生产设备	50 000		借	880 000
	31			本月合计	50 000		借	880 000

表 5-37　总分类账

会计科目：累计折旧　　　　　　　　　　　　　　　　　　　　　　　　　　　第　页

2023 年		凭证		摘　要	借　方	贷　方	借或贷	余　额
月	日	字	号					
1	1			上年结转			贷	40 000
	31	转	6	计提折旧		10 000	贷	50 000
	31			本月合计		10 000	贷	50 000

表 5-38　总分类账

会计科目：短期借款　　　　　　　　　　　　　　　　　　　　　　　　　　　第　页

2023 年		凭证		摘　要	借　方	贷　方	借或贷	余　额
月	日	字	号					
1	1			上年结转			贷	35 000
	12	付	4	归还借款	16 000		贷	19 000
	31			本月合计	16 000		贷	19 000

表 5-39　总分类账

会计科目：应付账款　　　　　　　　　　　　　　　　　　　　　　　　　　　第　页

2023 年		凭证		摘　要	借　方	贷　方	借或贷	余　额
月	日	字	号					
1	1			上年结转			贷	20 000
	19	转	3	购入材料		15 000	贷	35 000
	26	付	7	还欠货款	3 000		贷	32 000
	31			本月合计	3 000	15 000	贷	32 000

表 5-40　总分类账

会计科目：应付职工薪酬　　　　　　　　　　　　　　　　　　　　　　　　　第　页

2023 年		凭证		摘　要	借　方	贷　方	借或贷	余　额
月	日	字	号					
1	31	转	5	分配工资		40 000	贷	40 000
	31			本月合计		40 000	贷	40 000

表 5-41　总分类账

会计科目：实收资本　　　　　　　　　　　　　　　　　　　　　　　　　　　第　页

2023 年		凭证		摘　要	借　方	贷　方	借或贷	余　额
月	日	字	号					
1	1			上年结转			贷	600 000

表 5－42　总分类账

会计科目：盈余公积　　　　　　　　　　　　　　　　　　　　　　　　　　　　第　页

2023年		凭证		摘要	借方	贷方	借或贷	余额
月	日	字	号					
1	1			上年结转			贷	456 000

表 5－43　总分类账

会计科目：本年利润　　　　　　　　　　　　　　　　　　　　　　　　　　　　第　页

2023年		凭证		摘要	借方	贷方	借或贷	余额
月	日	字	号					
1	31	转	8	结转收入科目余额		40 000	贷	40 000
	31	转	9	结转费用科目余额	29 600		贷	10 400
	31			本月合计	29 600	40 000	贷	10 400

表 5－44　总分类账

会计科目：主营业务收入　　　　　　　　　　　　　　　　　　　　　　　　　　第　页

2023年		凭证		摘要	借方	贷方	借或贷	余额
月	日	字	号					
1	15	转	2	销售产品		40 000	贷	40 000
	31	转	8	结转收入科目余额	40 000		平	0
	31			本月合计	40 000	40 000	平	0

表 5－45　总分类账

会计科目：主营业务成本　　　　　　　　　　　　　　　　　　　　　　　　　　第　页

2023年		凭证		摘要	借方	贷方	借或贷	余额
月	日	字	号					
1	31	转	4	结转已销产品成本	15 000		借	15 000
	31	转	9	结转费用科目余额		15 000	平	0
	31			本月合计	15 000	15 000	平	0

表 5－46　总分类账

会计科目：管理费用　　　　　　　　　　　　　　　　　　　　　　　　　　　　第　页

2023年		凭证		摘要	借方	贷方	借或贷	余额
月	日	字	号					
1	22	付	6	购办公用品	600		借	600
	31	转	5	分配工资	7 000		借	7 600

续 表

2023年		凭证		摘 要	借 方	贷 方	借或贷	余 额
月	日	字	号					
	31	转	6	计提折旧	4 000		借	11 600
	31	转	9	结转费用科目余额		11 600	平	0
	31			本月合计	11 600	11 600	平	0

表 5-47 总分类账

会计科目：销售费用　　　　　　　　　　　　　　　　　　　　　　　　　　第　页

2023年		凭证		摘 要	借 方	贷 方	借或贷	余 额
月	日	字	号					
1	18	付	5	支付广告费	3 000		借	3 000
	31	转	9	结转费用科目余额		3 000	平	0
	31			本月合计	3 000	3 000	平	0

（五）记账凭证账务处理程序的优缺点和适用范围

记账凭证账务处理程序的优点是：账务处理程序简单明了，易于理解，总分类账可以较详细地反映经济业务的发生情况。其缺点是：登记总分类账的工作量较大。该账务处理程序一般适用于规模较小、经济业务量较少的单位。

三、科目汇总表账务处理程序

（一）科目汇总表账务处理程序的主要特点

科目汇总表账务处理程序，也称记账凭证汇总表账务处理程序，是根据记账凭证定期编制科目汇总表，再根据科目汇总表登记总分类账的一种账务处理程序。其主要特点是：编制科目汇总表并据以登记总分类账。

科目汇总表账务处理程序

（二）科目汇总表账务处理程序设置的凭证和账簿

科目汇总表账务处理程序设置的凭证和账簿与记账凭证账务处理程序基本相同。科目汇总表是根据一定时期内的全部记账凭证定期按会计科目分别汇总其本期借方发生额和贷方发生额而编制成的。科目汇总表可以每月汇总编制一张（见表 5-48），也可以每旬汇总一次，每月编制一张（见表 5-49）。

表 5-48 科目汇总表

年　月　日至　日

会计科目	本期发生额		总账页数
	借 方	贷 方	
合 计			

表 5-49 科目汇总表

年　月

会计科目	1—10日发生额		11—20日发生额		21—31日发生额		本月发生额合计		总账页数
	借方	贷方	借方	贷方	借方	贷方	借方	贷方	
合　计									

（三）科目汇总表账务处理程序的基本步骤

科目汇总表账务处理程序的基本步骤如图5-6所示。

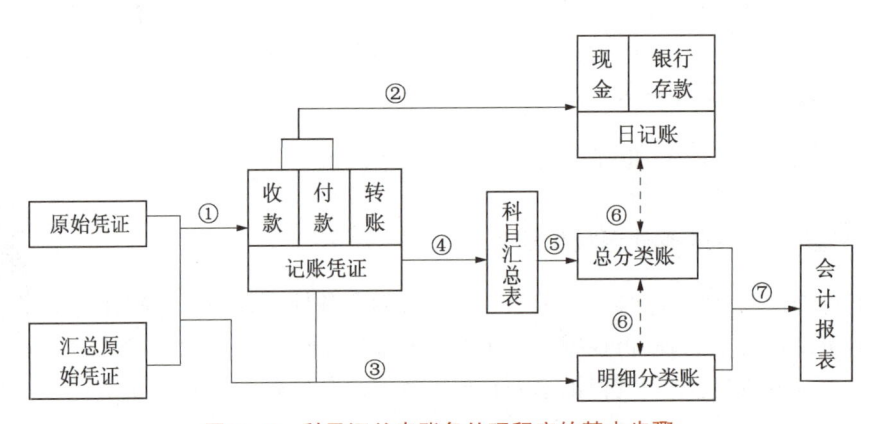

图 5-6　科目汇总表账务处理程序的基本步骤

（1）根据原始凭证或汇总原始凭证，编制记账凭证；
（2）根据收款凭证、付款凭证逐笔登记现金日记账和银行存款日记账；
（3）根据原始凭证、汇总原始凭证和记账凭证，登记各种明细分类账；
（4）根据各种记账凭证编制科目汇总表；
（5）根据科目汇总表登记总分类账；
（6）期末，现金日记账、银行存款日记账和明细分类账的余额同有关总分类账的余额核对相符；
（7）期末，根据总分类账和明细分类账的记录，编制会计报表。

（四）科目汇总表账务处理程序的应用案例

【例5-9】 请根据[例5-8]的资料采用科目汇总表账务处理程序进行账务处理（以下仅分析步骤④和⑤）。

分析:

步骤④:根据各种记账凭证编制科目汇总表(假定按月汇总编制),见表5-50。

表 5-50 科目汇总表

2023年1月1日至31日

会计科目	本期发生额		总账页数
	借 方	贷 方	
库存现金	1 000	600	略
银行存款	5 000	83 000	
应收账款	40 000	5 000	
生产成本	79 000		
制造费用	12 000	12 000	
原材料	25 000	40 000	
库存商品		15 000	
固定资产	50 000		
累计折旧		10 000	
短期借款	16 000		
应付账款	3 000	15 000	
应付职工薪酬		40 000	
本年利润	29 600	40 000	
主营业务收入	40 000	40 000	
主营业务成本	15 000	15 000	
管理费用	11 600	11 600	
销售费用	3 000	3 000	
合计	330 200	330 200	

步骤⑤:根据科目汇总表登记总分类账(以"库存现金"账户为例),见表5-51。

表 5-51 总分类账

会计科目:库存现金　　　　　　　　　　　　　　　　　　　　　　　　第　页

2023年		凭 证		摘 要	借 方	贷 方	借或贷	余 额
月	日	字	号					
1	1			上年结转			借	1 000
	31	科汇	×	1—31日发生额	1 000	600	借	1 400

(五)科目汇总表账务处理程序的优缺点和适用范围

科目汇总表账务处理程序的优点是:减轻了登记总分类账的工作量,并兼有试算平衡的作用。其缺点是:科目汇总表不能反映账户对应关系,不便于查对账目。该账务处理程序一般适用于经济业务较多的单位。

四、汇总记账凭证账务处理程序

(一) 汇总记账凭证账务处理程序的主要特点

汇总记账凭证账务处理程序是根据原始凭证或汇总原始凭证编制记账凭证,定期根据记账凭证分类编制汇总收款凭证、汇总付款凭证和汇总转账凭证,再根据汇总记账凭证登记总分类账的一种账务处理程序。其主要特点是:定期根据记账凭证分类编制汇总收款凭证、汇总付款凭证和汇总转账凭证,再根据汇总记账凭证登记总分类账。

(二) 汇总记账凭证账务处理程序设置的凭证和账簿

记账凭证除设置收款凭证、付款凭证和转账凭证外,还应设置汇总收款凭证、汇总付款凭证和汇总转账凭证。账簿的设置与记账凭证账务处理程序基本相同。

汇总收款凭证是根据收款凭证分别按现金和银行存款账户的借方设置,并按对应的贷方账户归类汇总。汇总付款凭证是根据付款凭证分别按现金和银行存款账户的贷方设置,并按对应的借方账户归类汇总。汇总转账凭证是根据转账凭证按账户的贷方设置,并按对应的借方账户归类汇总。这三种汇总记账凭证都应定期(如每旬)汇总一次,每月填制一张。具体格式分别见表5-52、表5-53、表5-54。

表5-52 汇总收款凭证

借方账户: 年 月 第 号

贷方账户	金额				记账	
	日至 日凭证第 号至第 号	日至 日凭证第 号至第 号	日至 日凭证第 号至第 号	合计	借方	贷方
合 计						

表5-53 汇总付款凭证

贷方账户: 年 月 第 号

借方账户	金额				记账	
	日至 日凭证第 号至第 号	日至 日凭证第 号至第 号	日至 日凭证第 号至第 号	合计	借方	贷方
合 计						

表5-54 汇总转账凭证

贷方账户: 年 月 第 号

借方账户	金额				记账	
	日至 日凭证第 号至第 号	日至 日凭证第 号至第 号	日至 日凭证第 号至第 号	合计	借方	贷方
合 计						

(三）汇总记账凭证账务处理程序的基本步骤

汇总记账凭证账务处理程序的基本步骤如图 5-7 所示。

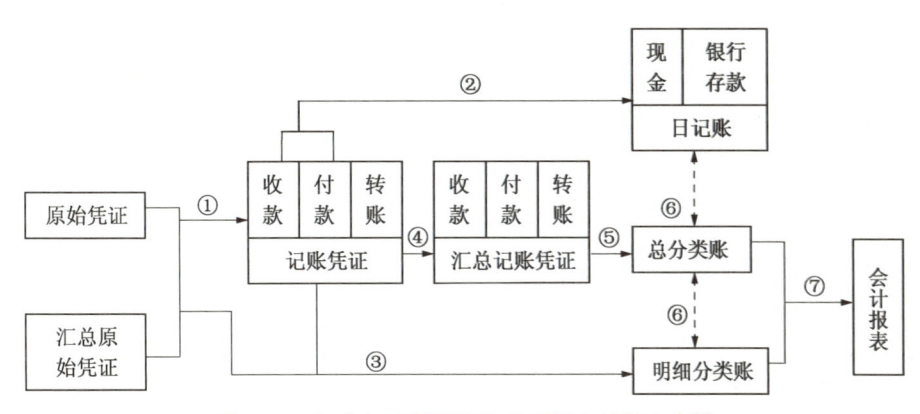

图 5-7 汇总记账凭证账务处理程序的基本步骤

（1）根据原始凭证或汇总原始凭证,编制记账凭证；
（2）根据收款凭证、付款凭证逐笔登记现金日记账和银行存款日记账；
（3）根据原始凭证、汇总原始凭证和记账凭证,登记各种明细分类账；
（4）根据各种记账凭证编制有关汇总记账凭证；
（5）根据各种汇总记账凭证登记总分类账；
（6）期末,现金日记账、银行存款日记账和明细分类账的余额同有关总分类账的余额核对相符；
（7）期末,根据总分类账和明细分类账的记录,编制会计报表。

（四）汇总记账凭证账务处理程序应用案例

【例 5-10】 根据例 5-8 的资料采用汇总记账凭证账务处理程序进行账务处理(以下仅分析步骤④和⑤）。

分析：

步骤④：根据各种记账凭证编制有关汇总记账凭证(以"银行存款"和"原材料"账户为例），见表 5-55 至表 5-57。

表 5-55 汇总收款凭证

借方账户：银行存款　　　　　　　　　2023 年 1 月　　　　　　　　　第　号

贷方账户	金　额				记　账	
	1 日至 10 日凭证第　号至第　号	11 日至 20 日凭证第　号至第　号	21 日至 31 日凭证第　号至第　号	合计	借方	贷方
应收账款	5 000			5 000		
合　　计	5 000			5 000		

表 5-56　汇总付款凭证

贷方账户：银行存款　　　　　　　　2023 年 1 月　　　　　　　　　　第　号

借方账户	1 日至 10 日凭证第　号至第　号	11 日至 20 日凭证第　号至第　号	21 日至 31 日凭证第　号至第　号	合计	记账 借方	记账 贷方
原材料	10 000			10 000		
库存现金	1 000			1 000		
固定资产	50 000			50 000		
短期借款		16 000		16 000		
销售费用		3 000		3 000		
应付账款			3 000	3 000		
合计	61 000	19 000	3 000	83 000		

表 5-57　汇总转账凭证

贷方账户：原材料　　　　　　　　2023 年 1 月　　　　　　　　　　第　号

借方账户	1 日至 10 日凭证第　号至第　号	11 日至 20 日凭证第　号至第　号	21 日至 31 日凭证第　号至第　号	合计	记账 借方	记账 贷方
生产成本	40 000			40 000		
合计	40 000			40 000		

步骤⑤：根据各种汇总记账凭证登记总分类账（以"银行存款"账户为例），见表 5-58。

表 5-58　总分类账

会计科目：银行存款　　　　　　　　　　　　　　　　　　　　第　页

2023 年 月	日	凭证 字	凭证 号	摘要	借方	贷方	借或贷	余额
1	1			上年结转			借	130 000
	10	汇收		1~10 日发生额	5 000		借	135 000
	10	汇付		1~10 日发生额		61 000	借	74 000
	20	汇付		11~20 日发生额		19 000	借	55 000
	31	汇付		21~31 日发生额		3 000	借	52 000
	31			本月合计	5 000	83 000	借	52 000

（五）汇总记账凭证账务处理程序的优缺点和适用范围

汇总记账凭证账务处理程序的优点是：减轻了登记总分类账的工作量，便于了解账户之间的对应关系。其缺点是：按每一贷方科目编制汇总转账凭证，不利于会计核算的日常分工，当转账凭证较多时，编制汇总转账凭证的工作量较大。该账务处理程序一般适用于规模较大、经济业务较多的单位。

> **知识链接 5-2**

多栏式日记账账务处理程序

多栏式日记账账务处理程序是根据收、付款凭证登记多栏式现金日记账和多栏式银行存款日记账,然后根据多栏式日记账和转账凭证来登记总分类账的一种账务处理程序。其主要特点是:根据收款凭证和付款凭证逐笔登记多栏式日记账和多栏式银行存款日记账,再根据多栏式日记账登记总分类账。对于转账凭证可直接或汇总后登记总分类账。多栏式日记账账务处理程序的优点是:可以简化总分类账的登记工作。其缺点是:在业务较复杂,会计科目设置较多的企业里,多栏式日记账专栏设置比较多,从而使得账页庞大,不便于记账。该账务处理程序一般适用于收付业务较多、会计科目涉及又较少、业务较简单的单位。

【案例 5-1】 安阳公司新招聘的出纳王芳是一名刚毕业的会计学专业的学生。以下是她根据 2023 年 6 月份的经济业务登记的银行存款日记账,请你帮她指出不正确之处并加以纠正。

资料:2023 年 6 月"银行存款"账户期初余额为 100 000 元。6 月发生以下经济业务(不考虑相关税金,以会计分录代替记账凭证):

2 日,三江公司偿还前欠货款 30 000 元,款项存入银行。(收字第 1 号)
借:银行存款 30 000
 贷:应收账款 30 000

3 日,从银行提取现金 2 000 元。(付字第 1 号)
借:库存现金 2 000
 贷:银行存款 2 000

5 日,向新星公司销售产品,价款 20 000 元,尚未收款。(转字第 1 号)
借:应收账款 20 000
 贷:主营业务收入 20 000

6 日,购买生产设备一台 50 000 元,以银行存款支付。(付字第 2 号)
借:固定资产 50 000
 贷:银行存款 50 000

8 日,收到新星公司偿还前欠货款 35 000 元,款项存入银行。(收字第 2 号)
借:银行存款 35 000
 贷:应收账款 35 000

11 日,购入材料一批,价款 15 000 元,以银行存款支付。(付字第 3 号)
借:原材料 15 000
 贷:银行存款 15 000

12 日,生产车间领用原材料 6 000 元,用于生产产品。(转字第 2 号)
借:生产成本 6 000
 贷:原材料 6 000

15 日,以银行存款 20 000 元偿还短期借款。(付字第 4 号)
借:短期借款 20 000

　　　　贷：银行存款　　　　　　　　　　　　　　　　　　　　20 000
18日，销售产品一批，价款26 000元，款项存入银行。（收字第3号）
　　借：银行存款　　　　　　　　　　　　　　　　　　　　26 000
　　　　贷：主营业务收入　　　　　　　　　　　　　　　　　26 000
26日，以银行存款偿还前欠货款7 500元。（付字第5号）
　　借：应付账款　　　　　　　　　　　　　　　　　　　　7 500
　　　　贷：银行存款　　　　　　　　　　　　　　　　　　7 500
王芳登记的银行存款日记账见表5-59。

表5-59　银行存款日记

2023年		凭证		摘要	借方	贷方	借或贷	余额
月	日	字	号					
6	1			期初余额			借	100 000
	2	收	1	收回货款	30 000			
	3	付	1	提现		2 000		
	6	付	2	购买生产设备		50 000		
	8	收	2	收回货款	35 000			
	11	付	3	购入材料		15 000		
	15	付	4	偿还短期借款		20 000		
	18	收	3	销售产品	2 600			
	26	付	5	偿还前欠货款		7 500		

分析：

王芳登记的银行存款日记账不正确之处如下：

（1）银行存款日记账没有逐日结出余额。

银行存款日记账必须逐日结出余额。

（2）银行存款日记账未能连续登记。

各种账簿按页次顺序连续登记，不得跳行、隔页。如果发生跳行，应当将空行划线注销，或者注明"此行空白"字样，并由记账人员签名或者盖章。

（3）银行存款日记账6月18日的业务金额登记错误。

这种错误属于记账凭证无误，而账簿记录数字错误，应采用划线更正法进行更正。

（4）银行存款日记账没有进行月结。

月终应结出本月发生额和余额，按规定进行月结。

【本项目小结】

账簿的定义	会计账簿是由具有一定格式又相互连接在一起的若干张账页组成的,以会计凭证为依据,用来序时、分类地登记各项经济业务的簿籍。簿籍是账簿的外表形式,而账户记录则是账簿的内容	
账簿的种类	按用途分类	序时账簿、分类账簿、备查账簿
	按外表形式分类	订本式、活页式、卡片式
	按账页格式分类	两栏式、三栏式、数量金额式、多栏式、横线登记式
登记账簿的基本要求	1. 登记会计账簿时,应当将会计凭证的有关资料逐项记入账内 2. 登记完毕后,要在记账凭证上签名或者盖章,并注明已经登账的符号(如划"√"号等),表示已经记账 3. 账簿中书写的文字和数字上面要留有适当空格,不要写满格;一般应占格距的1/2 4. 登记账簿要用蓝黑墨水或者碳素墨水书写,规定的情况可以用红色墨水记账 5. 各种账簿按页次顺序连续登记,不得跳行、隔页。如果发生跳行、隔页,应当将空行、空页划线注销,或者注明"此行空白""此页空白"字样,并由记账人员签名或者盖章 6. 凡需要结出余额的账户,结出余额后,应当在"借或贷"栏内写明"借"或"贷"字样。没有余额的账户,应当在"借或贷"等栏内写"平"字,并在余额栏内用"θ"表示 7. 每一账页登记完毕结转下页时,应当结出本页合计数及余额,写在本页最后一行和下页第一行有关栏内,并在摘要栏内分别注明"过次页"和"承前页"字样 8. 账簿记录发生错误,不准涂改、刮擦或者用药水消除字迹等,必须按照规定的方法更正	
序时账簿	序时账簿又称日记账,是对经济业务按其发生和完成时间的先后顺序,逐日逐笔登记的账簿 种类:特种日记账和普通日记账两种。常用的特种日记账有现金日记账和银行存款日记账两种	
分类账簿	种类:总分类账簿和明细分类账簿两种 总分类账簿:按照总分类账户分类登记提供总括信息的账簿。可以根据记账凭证逐笔登记,也可以根据科目汇总表或汇总记账凭证等登记。总分类账登记的依据和方法主要取决于单位所采用的账务处理程序 明细分类账簿:按照明细分类账户设置并登记的提供详细信息的账簿。可以根据记账凭证、原始凭证、原始凭证汇总表逐日逐笔登记	
划线更正法	适用范围:在结账前发现账簿记录有文字或数字错误,而记账凭证没有错误	
红字更正法	适用范围: 1. 记账凭证中应借、应贷的会计科目或金额有错误并已登记入账 2. 记账凭证中应借、应贷会计科目未错,但所填金额大于应记金额,并已登记入账	
补充登记法	适用范围:记账后发现记账凭证中应借、应贷的会计科目正确,但所记的金额小于应记的金额	
对账	对账就是核对账目。包括账证核对、账账核对和账实核对	
结账	种类:月结、季结、年结 方法:划线结账法,月结、季结采用通栏划单红线,年结采用通栏划双红线	
账簿的更换与保管	总账、日记账和大部分明细账每年都应更换一次新账,固定资产明细账、备查账簿等,可以跨年度连续使用,不必每年更换新账 账簿的保管期限30年	
账务处理程序	亦称会计核算组织程序或会计核算形式,根据登记总账的依据和方法不同,常用的有记账凭证账务处理程序、汇总记账凭证账务处理程序、科目汇总表账务处理程序	

【课堂讨论】

登记账簿为何要以会计凭证为依据?

【复习思考题】

1. 什么是会计账簿?设置账簿的意义表现在哪几个方面?
2. 登记账簿有哪些基本要求?
3. 简述三栏式日记账的登记方法。
4. 总分类账和明细分类账平行登记的要点有哪些?
5. 账簿记录错误时有哪些更正方法?这些更正方法分别适用于哪种情况?
6. 对账的主要内容是什么?
7. 什么是账务处理程序?各单位采用的账务处理程序主要有哪些?
8. 记账凭证账务处理程序的基本步骤有哪些?

项目六

财产清查

【知识目标】

1. 理解财产清查的概念。
2. 了解财产清查的种类、范围。
3. 掌握财产清查的方法和清查结果的账务处理。

【能力目标】

1. 能具体地进行现金、银行存款、存货的清查。
2. 能编制银行存款余额调节表。
3. 能进行财产清查结果的账务处理。

【素养目标】

1. 具有财产清查的能力,保护企业财产物资的安全完整。
2. 养成廉洁自律、守法奉公的职业素养,确保账实相符,保证账簿信息的正确性,坚决与贪污、挪用公款作斗争。

【案例导入】

2004年10月18日,北京市第一中级人民法院开庭审理国家自然科学基金委员会会计卞中贪污、挪用公款一案。卞中采用谎称支票作废偷盖印鉴、削减拨款金额、伪造银行进账单和信汇凭证、编造银行对账单等手段贪污、挪用公款2亿元。事发后,人们不禁要问:小会计何以玩转两个亿?原来国家自然科学基金委员会14年来从没进行过财产清查(从审计角度看是没有内部审计),国家自然科学基金委员会如果有较严格的银行存款清查,那么,卞中这些极为简单的手法是不可能得逞的。

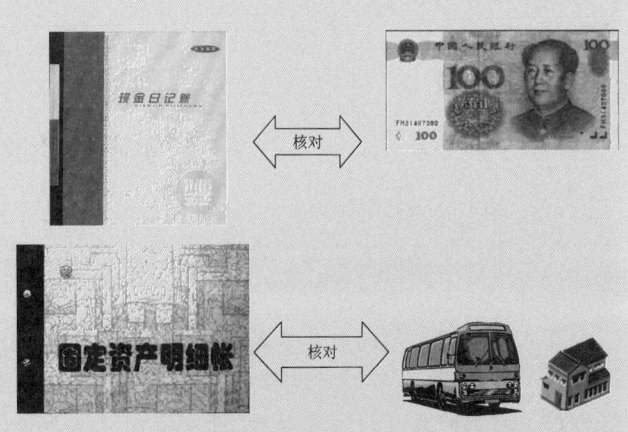

什么是财产清查呢?财产清查应如何展开呢?本项目将讲述财产清查的意义、种类、方法和相关业务的处理。

知识导图

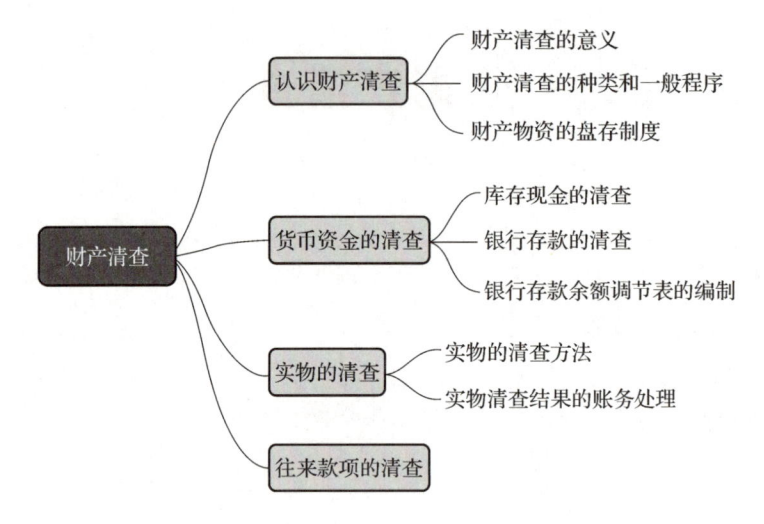

- 财产清查
  - 认识财产清查
    - 财产清查的意义
    - 财产清查的种类和一般程序
    - 财产物资的盘存制度
  - 货币资金的清查
    - 库存现金的清查
    - 银行存款的清查
    - 银行存款余额调节表的编制
  - 实物的清查
    - 实物的清查方法
    - 实物清查结果的账务处理
  - 往来款项的清查

任务一　认识财产清查

一、财产清查的意义

(一) 财产清查的含义

财产清查就是通过对实物、现金的实地盘点和对银行存款、债权债务的查对,来确定各项财产物资、货币资金、债权债务的实存数,并查明实存数同账存数是否相符的一种专门方法。

知识链接

账实不符的原因

造成企业财产物资账实不符的原因有两种:正常原因和非正常原因。

正常原因主要是实物财产在保管过程中发生的自然损耗和因未达账项引起的银行存款数额的不符。

非正常原因引起的账实不符主要包括:

(1) 在收、发各项财产过程中,由于计量、检验不准确而发生品种、数量或质量上的差错。

(2) 在财产发生增减变动时,没有填制凭证而登记入账;或者在填制凭证、登账时,发生计算上或登记上的差错。

(3) 由于保管不善或工作人员失职发生的财产残损、变质与短缺以及货币资金、债权债务的差错。

(4) 由于不法分子营私舞弊、贪污盗窃等而造成的财产物资损失。

(二) 财产清查的意义

(1) 通过财产清查,可促使财产物资保管人员加强责任感,保证各项财产的安全完整;

(2) 通过财产清查,可以查清账存与实存的情况,提高会计资料的质量,保证会计资料的真实、完整;

(3) 通过财产清查,可以揭示财产物资的使用情况,可促进企业改善经营管理,挖掘各项财产的潜力,加速资金周转;

(4) 通过财产清查,可促使财务人员加强自律,保证财经纪律和结算纪律的执行。

二、财产清查的种类和一般程序

(一) 财产清查的种类

由于企业进行财产清查的对象与范围不同、目的不同、时间不同,因此,从不同角度出发,可将财产清查分为以下不同的种类。

1. 按清查的对象和范围划分

1) 全面清查

(1) 概念:全面清查是对企业所有的财产进行的清查、盘点和核对。

(2) 特点:清查的内容全面,清查的范围广泛,能够全面核实会计主体所有的财产物资、货币资金和债权债务的情况;但全面清查需要投入的人力多,花费的时间长。

(3) 适用范围:年终结算、单位撤销或改变隶属关系、清产核资、单位主要负责人调离工作等。

2) 局部清查

(1) 概念:局部清查是对货币资金、财产物资和各项债权债务中某一部分进行的清查、盘点与核对。

(2) 特点:清查范围小、时间短、专业性较强、流动性较大的财产。

(3) 适用范围:库存现金日清月结、银行存(借)款的月查、存货的月查、债权债务(每年至少一至两次)要与对方单位或个人核对。

2. 按清查的时间划分

1) 定期清查

(1) 概念:定期清查是指按照预先安排的时间对财产物资、货币资金和往来款项进行清查。定期清查可全面清查,也可局部清查。

(2) 特点:一般定于月末、季末、年末结账之前进行,预先安排好的。

(3) 适用范围:全面清查、局部清查都可以。

2) 不定期清查

(1) 概念:不定期清查是指根据实际需要临时对财产物资进行盘点与核对。不定期清查适用局部清查。

(2) 特点:不规定好具体时间,如果工作需要,可随时进行,根据实际情况进行的随机性、临时性的清查。

(3) 适用范围：发生自然灾害或意外损失或保管人员调动更换，财政、税收、审计等部门进行突击会计检查等。

3. 按照清查的执行单位划分

1) 内部清查

(1) 概念：内部清查是指企业自行进行的财产清查工作。

(2) 特点：本单位内部人员对本单位的财产物资进行的清查。

(3) 适用范围：可以是全面清查，也可以是局部清查；可以是定期清查，也可以是不定期清查，一般要根据实际情况和具体要求来确定。

2) 外部清查

(1) 概念：外部清查是指根据国家的有关规定或实际情况的需要对企业所进行的财产清查。

(2) 特点：一般是全面清查且必须有内部清查人员参与。

(3) 适用范围：上级主管部门、财税机关、审计机关、工商、银行等有执业资格的机构根据国家有关规定或实际情况的需要对本企业进行的财产清查；企业的清产核资、重组等过程中的资产评估所进行的财产清查也属于外部清查。外部清查可以是定期清查，也可以是不定期清查。

（二）财产清查的一般程序

(1) 组织准备。

财产清查尤其是全面清查，必须成立专门的清查组织，如图6-1所示。组织清查人员学习有关政策规定，掌握有关法律、法规和相关业务知识，以提高账产清查工作的质量。

```
            共同派人组成清查小组
            ┌──────────┼──────────┐
          仓库        财务部        业务部
```

图6-1　清查组织

(2) 确定清查对象、范围，明确清查任务。

(3) 制定清查方案，具体安排清查内容、时间、步骤、方法。

(4) 业务准备。

① 会计部门将有关账簿登记齐全，结出余额，做到账证相符、账账相符，为账实核对提供正确的账簿资料。

② 财产物资保管和使用部门，将所保管和使用的物资整理好，挂上标签，标明品种、规格、结存数量，以便盘点核对。

③ 准备好必要的各种计量器具，并进行仔细检查，保证计量准确。

④ 银行存款、银行借款和结算款项的清查，需要取得对账单以便查对。

⑤ 准备好有关财产清查应用的登记表册，见表6-1、表6-2。

表 6-1　盘存单

单位名称:　　　　盘点时间:　　　　年　月　日　　　　　　　编　号:
财产类别:　　　　存放地点:　　　　　　　　　　　　　　　　金额单位:

编 号	名 称	计量单位	数 量	单 价	金 额	备 注

盘点人签章:　　　　　　　　　　　　　　　保管人:

表 6-2　实存账存对比表
年　月　日

编号	类别及名称	计量单位	单价	对比结果								备注
				实 存		账 存		盘 盈		盘 亏		
				数量	金额	数量	金额	数量	金额	数量	金额	

主管人员:　　　　　　　　会计:　　　　　　　　制表:

（5）进行财产清查。清查时本着先清查数量、核对有关账簿记录等,后认定质量的原则进行。

（6）填制盘存表,报告清查结果。

（7）根据清查结果进行账务处理。

① 查明财产物资盘盈、盘亏的原因并按规定进行处理;

② 总结经验教训,建立和健全财产管理制度;

③ 及时处理积压物资;

④ 进行财产物资盘盈、盘亏的账务处理。

三、财产物资的盘存制度

（一）永续盘存制

1. 永续盘存制的含义

永续盘存制也称账面盘存制,是平时对各项实物资产的增减变动数量和金额,根据会计凭证在有关账簿中连续进行登记,并随时结出账面结存数量及金额的一种盘存方法(见表 6-3)。

表6-3 原材料明细分类账(永续盘存制)

账户名称:A材料

2022年		凭证字号	摘要	收入			发出			结存		
月	日			数量	单价	金额	数量	单价	金额	数量	单价	金额
12	1		月初结存							2 000	5	10 000
	5	转1	验收入库	6 000	5	30 000				8 000	5	40 000
	15	转2	生产领用				4 000	5	20 000	4 000	5	20 000
	20	转3	验收入库	2 000	5	10 000				6 000	5	30 000
	25	转4	生产领用				3 000	5	15 000	3 000	5	15 000
	31		本月合计	8 000	5	40 000	7 000	5	35 000	3 000	5	15 000

(可随时结出结存的数量)

在永续盘存制下,账面余额的计算是根据下述公式进行的:

$$账面期末余额＝账面期初余额＋本期增加额－本期减少额$$

2. 永续盘存制的优缺点

(1) 永续盘存制的优点:便于随时掌握财产的占用情况及其动态,有利于加强财产管理,有利于实施会计监督。

(2) 永续盘存制的缺点:存货的明细分类核算工作量较大,需要较多的人力和费用。

3. 永续盘存制适用范围

为大多数企业所采用。

(二) 实地盘存制

1. 实地盘存制的含义

实地盘存制是对各项财产物资平时只在明细账中登记增加数,不登记减少数,月末根据实地盘点的结存数倒挤出财产物资减少数,并据以登记有关账簿的一种方法(表6-4)。

在实地盘存制下,本期财产物资减少数的计算公式如下:

$$本期减少金额＝期初结存金额＋本期增加金额－期末结存金额$$

表 6－4　原材料明细分类账（实地盘存制）

账户名称：A 材料

2022年		凭证字号	摘要	收入			发出			结存		
月	日			数量	单价	金额	数量	单价	金额	数量	单价	金额
12	1		月初结存							100	80	8 000
	5	转1	验收入库	100	80	8 000				200		
	15	转2	验收入库	200	82	16 400				400		
	31	转3	发出				280		22 680	120	81	9 720
	31		本月合计	300	—	24 400	280	—	22 680	120	81	9 720

1. 平时登记增加数

3. 月末根据月初余额、本月增加额和月末余额的关系推算

2. 月末根据实地盘存数确定

2．实地盘存制的优缺点

（1）实地盘存制的优点：工作简单，工作量小。

（2）实地盘存制的缺点：财产的减少数缺乏严密手续，不便于实行会计监督；倒推出的各项财产物资的减少数中成分复杂，除了正常耗用的外，可能还有损毁的和丢失的。

3．实地盘存制适用范围

对那些品种多、价值低、收发交易比较频繁、数量不稳定、损耗大且难以控制的存货，可以采用这种方法。

任务二 货币资金的清查

一、库存现金的清查

【案例 6-1】 大成公司出纳员王明由于刚参加工作不久,对于货币资金业务管理和核算的相关规定不甚了解,所以出现一些不应有的错误,有两件事情让他印象深刻。这两件事是指在20××年5月8日和10日两天的现金业务结束后例行的现金清查中,分别发现现金短缺50元和现金溢余10元的情况。对此,他经过反复思考也弄不明白原因。为了保全自己的面子和息事宁人,同时又考虑到两次账实不符的金额又很小,他决定采取下列办法进行处理:现金短缺50元,自掏腰包补齐;现金溢余10元,暂时收起。

(1) 王明对此项业务的处理是否正确?为什么?
(2) 你认为面对这些情况,应该怎么处理?

分析:

王明对其在20××年5月8日和10日两天的现金清查结果的处理方法都是错误的。他的处理方法的直接后果可能会掩盖公司在现金管理与核算中存在的诸多问题,有时可能会是重大的经济问题。因此,凡是出现账实不符的情况时,必须按照有关的会计规定进行处理。按照规定,对于此例中王明遇到的现金账实不符,即现金溢缺情况,应首先调整账实使之相符,差额待查明原因后分别处理。

(一) 库存现金的清查方法

(1) 出纳人员每日清点库存现金的实有数,并与现金日记账余额相核对。
(2) 专职清查人员定期或不定期地进行清查。

(二) 库存现金盘点结果的处理

填制"库存现金盘点报告表",其格式见表6-5。

表 6-5 库存现金盘点报告表

单位名称: 年 月 日

实存金额	账存金额	实存与账存对比		备 注
		长余	短缺	

盘点人签章: 出纳员签章:

(三) 库存现金清查结果的财务处理

清查中发现现金长款或短款时,应及时根据"现金盘点报告单"进行账务处理。开设"待处理财产损溢"账户(见图 6-2),该账户是专门用来核算企业在财产清查过程中出现的各种财产物资的盘盈、盘亏和毁损的价值。企业的财产损溢,应查明原因,在期末结账前处理完毕,处理后该账户无余额。

借	待处理财产损溢	贷
发生待处理财产盘亏、毁损数; 转销已批准处理财产盘盈数		发生待处理财产的盘盈数; 转销已批准处理财产盘亏、毁损数

图 6-2 "待处理财产损溢"账户

"待处理财产损溢"账户下设"待处理流动资产损溢"和"待处理固定资产损溢"明细账户。

(1) 如果发现现金长款或短款,一方面调增或调减现金的账面数,另一方面先将长款或短款的金额记入"待处理财产损溢——待处理流动资产损溢"账户。

(2) 待查明原因报经批准后再将长款或短款的金额从"待处理财产损溢——待处理流动资产损溢"账户转出,根据情况分别转入"营业外收入""其他应收款""管理费用"等账户。

【例 6-1】 A 企业 5 月份进行库存现金清查,发现短款 600 元。

(1) 批准处理前:

借:待处理财产损溢——待处理流动资产损溢　　　　600
　　贷:库存现金　　　　　　　　　　　　　　　　　　　600

(2) 批准处理后:

经查,上述现金短缺中,应由出纳员李青山个人赔偿 200 元,其余部分无法查明原因,经批准予以核销。

借:管理费用　　　　　　　　　　　　　　　　　　　400
　　其他应收款——李青山　　　　　　　　　　　　　200
　　贷:待处理财产损溢——待处理流动资产损溢　　　　600

【例 6-2】 B 企业 6 月份进行库存现金清查,发现长款 450 元。

(1) 批准处理前

借:库存现金　　　　　　　　　　　　　　　　　　　450
　　贷:待处理财产损溢——待处理流动资产损溢　　　　450

(2) 批准处理后

经查,上述现金长款中,应付甲企业的款项为 200 元,其余部分无法查明原因,经批准予以核销。

借:待处理财产损溢——待处理流动资产损溢　　　　450
　　贷:其他应付款——甲企业　　　　　　　　　　　　200
　　　　营业外收入　　　　　　　　　　　　　　　　　250

二、银行存款的清查及银行存款余额调节表的编制

(一)银行存款的清查

【案例 6-2】 假如你是森马集团的出纳,请对森马集团 20××年 3 月份的

银行存款清查

银行存款日记账进行清查。你从中有什么发现？（见表6-6、表6-7）

分析：

银行存款日记账余额与银行对账单余额不一致。

表6-6 中国建设银行湖州市支行对账单

单位名称：森马集团　　　　　　　　　　　　　　　　　　　　　　　账号：4765670222

2023年		交　易	凭证号数	借　方	贷　方	余　额	柜员号
月	日						
						100 000	
3	4	取得短期贷款	3503#		100 000	200 000	024
	9	付采购款	6502#	3 510		196 490	025
	15	提取现金	506#	2 000		194 490	024
	19	付保险费	5004#	2 000		192 490	023
	22	代收销货款	6408#		32 500	224 990	024
	26	支付水电费	5407#	1 000		223 990	024
	28	结算存款利息	301#		930	224 920	024
	28	提取现金	507#	38 000		186 920	022

表6-7 银行存款日记账

2023年		凭证编号	摘　要	结算凭证		借　方	贷　方	余　额
月	日			种类	号数			
3	1		期初余额					100 000
	5	收1	取得短期贷款	转存	3503#	100 000		200 000
	9	付1	购买方钢	电汇	6502#		3 510	196 490
	15	收2	收取销货款	转支	502#	16 800		213 290
	15	付2	提取现金	现支	506#		2 000	211 290
	18	付3	交纳保险	转支	5004#		2 000	209 290
	21	付4	支付广告费	转支	504#		500	208 790
	23	收3	收取销货款	托收	6408#	32 500		241 290
	27	付5	交纳税金	转账	1103#		4 950	236 340
	28	付6	提取现金	现支	507#		38 000	198 340
	31		本月合计			149 300	50 960	198 340

1. 银行存款的清查方法

采用账目核对的方法，即将开户银行送来的银行存款对账单与本单位银行存款日记账的账簿记录逐笔进行核对。

2. 银行存款清查的结果

银行存款的清查及结果见图6-3。

(1) 双方余额一致：记账基本正确。

(2) 双方余额不一致：一方记账有误或当期有未达账项。若记账有误,应及时查明原因,并用正确的方法予以更正；若存在未达账项,应编制银行存款余额调节表。

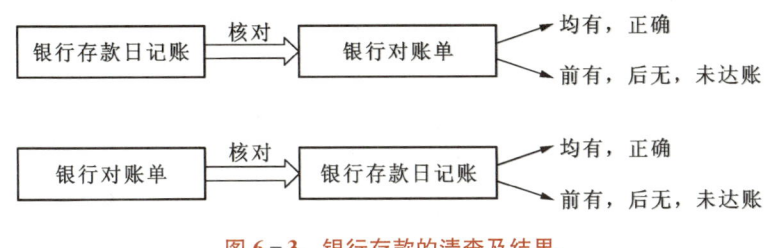

```
银行存款日记账 —核对→ 银行对账单 → 均有，正确
                                  → 前有，后无，未达账

银行对账单 —核对→ 银行存款日记账 → 均有，正确
                                   → 前有，后无，未达账
```

图6-3 银行存款的清查及结果

3. 未达账项的概念

未达账项指企业和银行之间,由于结算凭证传递时间的原因,导致同一项经济业务,一方已收到有关结算凭证已登记入账,而另一方由于未收到有关结算凭证尚未登记入账的款项。

企业与银行之间发生的未达账项有以下四种情况：

(1) 企业已收,银行未收。

(2) 企业已付,银行未付。

(3) 银行已收,企业未收。

(4) 银行已付,企业未付。

上述任何一种情况的发生,都会使双方的账面存款余额不一致。

4. 银行存款清查的步骤

银行存款的清查按以下步骤进行：

(1) 将本单位银行存款日记账与银行对账单,根据经济业务、结算凭证的种类、号码和金额等资料,逐日逐笔核对。凡双方都有记录的,用铅笔在金额旁打上记号"√"。

(2) 找出未达账项(即银行存款日记账和银行对账单中没有打"√"的款项)。

(3) 将日记账和对账单的月末余额及找出的未达账项填入"银行存款余额调节表",并计算出调整后的余额。

(4) 将调整平衡的"银行存款余额调节表",经主管会计签章后,呈报开户银行。

(二) 银行存款余额调节表的编制

银行存款余额调节表的编制,是在双方账面余额的基础上,各自分别加上对方已收款入账而己方尚未入账的数额,减去对方已付款入账而己方尚未入账的数额。其计算公式如下：

$$\begin{matrix}\text{企业银行存款}\\\text{日记账余额}\end{matrix} + \begin{matrix}\text{银行已收}\\\text{企业未收款}\end{matrix} - \begin{matrix}\text{银行已付}\\\text{企业未付款}\end{matrix} = \begin{matrix}\text{银行对账单}\\\text{存款余额}\end{matrix} + \begin{matrix}\text{企业已收}\\\text{银行未收款}\end{matrix} - \begin{matrix}\text{企业已付}\\\text{银行未付款}\end{matrix}$$

根据未达账项,编制银行存款余额调节表,其格式见表6-8。

表 6-8 银行存款余额调节表

单位名称：   年 月 日

项　目	金　额	项　目	金　额
银行对账单余额 加：企业已收银行未收款 减：企业已付银行未付款		企业银行存款日记账余额 加：银行已收企业未收款 减：银行已付企业未付款	
调整后余额		调整后余额	

如果调节后双方余额相等，则一般说明双方记账没有差错；若不相等，则表明企业方或银行方或双方记账有差错，应进一步核对，查明原因予以更正。

银行存款余额调节表只起检查、对账的作用，不能作为账务处理的依据。银行存款余额调节表应与银行对账单一并附在当月银行存款日记账后保存。

【例 6-3】某企业 20××年 1 月 31 日银行存款日记账账面余额为 36 500 元；银行对账单余额为 38 750 元。经查发现有以下未达账项：

(1) 1 月 28 日企业送存银行一张转账支票，金额 4 000 元，银行尚未入账；
(2) 1 月 29 日银行收取企业借款利息 426 元，企业尚未收到付款通知；
(3) 1 月 30 日企业委托银行收款 4 576 元，银行已入账，企业尚未收到收款通知；
(4) 1 月 30 日企业开出转账支票一张，金额 2 100 元，持票单位尚未到银行办理手续。

根据以上资料，编制银行存款余额调节表，见表 6-9。

表 6-9 银行存款余额调节表

单位名称：某企业   20××年 1 月 31 日

项　目	金　额	项　目	金　额
银行对账单余额 加：企业已收银行未收款 减：企业已付银行未付款	38 750 4 000 2 100	企业银行存款日记账余额 加：银行已收企业未收款 减：银行已付企业未付款	36 500 4 576 426
调整后余额	40 650	调整后余额	40 650

【案例 6-3】小王是一家公司的出纳，每天都非常认真地逐笔登记公司的银行存款日记账。这个月的业务结束后，银行存款日记账上显示公司的银行存款余额为 52 950 元，但是当小王接到银行所给的银行对账单时，不禁心里"咯噔"一下，因为对账单上显示公司的银行存款余额只有 48 250 元，难道公司的银行存款被盗？小王赶紧跑去告诉主办会计，想不到主办会计听到这个消息后，却一点也不紧张，而是告诉小王说："你先去核对一下，确认一下是什么原因。"主办会计为什么不紧张？

分析：

银行存款日记账余额与银行对账单余额不一致的原因主要有以下两个方面：

(1) 企业或银行记账错误。若记账有误，应及时查明原因，并用正确的方法予以更正。
(2) 未达账项。若存在未达账项，应编制银行存款余额调节表。

任务三　实物的清查

一、实物的清查方法

【**案例6-4**】　某企业的副总吴某,将企业在用的机器设备借给其亲属使用,但未办理任何手续。年底清查人员盘点时发现盘亏了一台设备,原值 500 000元,已提折旧 100 000元,净值为 400 000元。经调查得知是吴副经理所为,于是派人向其亲属索要。但借方称该设备已被偷走。当问及吴副经理对此的处理意见时,他建议按正常报废处理。

盘亏的设备按正常报废处理是否符合规定?企业应该怎样正确处理盘亏的资产?

分析:

吴副经理对盘亏的固定资产的处理是不合适的,清查人员应向当事人索赔。如果当事人不能按期偿还时,吴副经理应承担赔偿责任。

实物资产包括原材料、在产品、库存商品和固定资产等。实物资产的核算涉及数量和金额两个方面。实物数量的清查方法,比较常用的有以下几种:

(1) 实物盘点法。通过逐一清点或用计量器具来确定实物的实存数量。其适用的范围较广,在多数财产物资清查中都可以采用这种方法。

(2) 技术推算法。通过量方、计尺等技术推算财产物资的结存数量。这种方法只适用于成堆量大而价值又不高的,难以逐一清点的财产物资的清查。例如,露天堆放的煤炭等。

(3) 抽样盘存法。通过抽样盘点,测算出总体财产实存数量的方法。

实物清查过程中,实物保管人员和盘点人员必须同时在场。对于盘点结果,应如实登记盘存单,并由盘点人和实物保管人签字或盖章,以明确经济责任,盘存单的格式见表6-10。

表6-10　盘存单

单位名称:		盘点时间:		年　月　日		编　　号:	
财产类别:		存放地点:				金额单位:	
编　号	名　称	计量单位	数　量	单　价	金　额	备　注	

盘点人签章:　　　　　　　　　　　　　　　　保管人:

为了查明实存数与账存数是否一致,确定盘盈或盘亏情况,应根据盘存单和有关账簿的记录,编制实存账存对比表,见表6-11。实存账存对比表是用以调整账簿记录的重要原始凭证,也是分析产生差异的原因,明确经济责任的依据。

表6-11 实存账存对比表

年　月　日

编号	类别及名称	计量单位	单价	对比结果								备注
				实存		账存		盘盈		盘亏		
				数量	金额	数量	金额	数量	金额	数量	金额	

主管人员：　　　　　　　会计：　　　　　　　　　　　　制表：

二、实物清查结果的账务处理

（一）存货清查的账务处理

企业盘盈、盘亏和毁损的存货,报经批准以前应先通过"待处理财产损溢——待处理流动资产损溢"账户核算,报经有关部门批准以后,再根据不同的情况进行账务处理。

（1）对属于工作失职,或责任人造成的短缺、损失应由其赔偿,记入"其他应收款"等账户；

（2）对属于自然损耗产生的定额内的损耗盘亏,记入"管理费用"账户；

（3）对属于自然灾害引起的财产损失,应扣除保险公司赔款和残料价值后,计入"营业外支出"账户；

（4）对发生盘盈,经批准可作冲减管理费用处理。

【例6-4】　某企业在财产清查中,盘盈甲材料800元。

（1）在批准前,根据"实存账存对比表"所确定的材料盘盈数,作如下会计分录：

借：原材料——甲材料　　　　　　　　　　　　800
　　贷：待处理财产损溢——待处理流动资产损溢　　　800

（2）上述材料盘盈,经查明原因,批准作冲减管理费用处理。根据批准处理意见,作如下会计分录：

借：待处理财产损溢——待处理流动资产损溢　　800
　　贷：管理费用　　　　　　　　　　　　　　　　800

【例6-5】　某企业在财产清查中,盘亏乙材料1 260元。

（1）在批准前,根据"实存账存对比表"所确定的材料盘亏数,作如下会计分录：

借：待处理财产损溢——待处理流动资产损溢　　1 260
　　贷：原材料——乙材料　　　　　　　　　　　1 260

（2）上述盘亏材料经批准作如下处理：盘亏中有500元为定额内自然损耗,作为管理费用；有300元为保管不善所致,责成有关责任人赔偿；有460元属于自然灾害造成的非常损失,作为营业外支出处理。

根据批准的处理意见,作如下会计分录：

借：管理费用　　　　　　　　　　　　　　　　500
　　其他应收款　　　　　　　　　　　　　　　300

营业外支出	460
贷:待处理财产损溢——待处理流动资产损溢	1 260

（二）固定资产清查结果的账务处理

固定资产盘盈,一般都是企业单位自制设备交付使用后未及时入账所造成的,经核准应列作"以前年度损益调整"。固定资产出现盘亏或毁损的原因有很多,单位应根据不同情况作不同的处理:

（1）自然灾害等非常事故造成的固定资产毁损,在扣除保险公司赔款和残值收入后,经批准列作营业外支出;

（2）责任事故造成的固定资产毁损,应由责任人酌情赔偿损失。

【例6-6】 某企业在财产清查中,发现账外机器一台,据当前市场情况,估计其价值为9 000元。根据"实存账存对比表"所确定的固定资产盘盈数字,作如下会计分录:

借:固定资产	9 000
贷:以前年度损益调整	9 000

【例6-7】 某企业在财产清查中,盘亏机器一台,其账面原值为30 000元,已提折旧18 000元。

（1）在报经批准前,根据"实存账存对比表"所确定的固定资产盘亏数,作如下会计分录:

借:待处理财产损溢——待处理固定资产损溢	12 000
累计折旧	18 000
贷:固定资产	30 000

（2）上述盘亏固定资产经批准作营业外支出处理。根据批准处理意见,作如下会计分录:

借:营业外支出	12 000
贷:待处理财产损溢——待处理固定资产损溢	12 000

任务四　往来款项的清查

往来款项清查

往来款项的清查方法采取函证核对法。同经济往来单位(债权、债务方)核对账目。

(1)将本企业的各项应收、应付等往来款项正确完整地登记入账,逐户编制一式两联的往来款项对账单(见图6-4),并将其中一联送交对方单位核对。

(2)收到对方单位盖章回单后,应编制往来结算款项清查报告表(表6-12)。

××单位：

你单位20××年×月×日购入我单位×产品××台,已付货款××元,尚有×元货款未付,请核对后将回单联寄回。

核查单位：(盖章)
20××年×月×日

------沿此虚线裁开,将以下回单联寄回------

往来款项对账单(回联)

××核查单位：

你单位寄来的"往来款项对账单"已经收到,经核对相符无误(或不符,应注明具体内容)。

××单位：(盖章)
20××年×月×日

图6-4　往来款项对账单

表6-12　往来结算款项清查报告表

企业名称：　　　　　　　　　　　年　月　日　　　　　　　　　　单位：元

明细科目		清查结果		不符单位及原因分析					备注
名称	金额	相符	不符	不符单位名称	争执中款项	未达账项	无法收回	拖付账项	

记账人员：(签章)　　　　　　　　　　　　　　　　　　清查人员：(签章)

在财产清查中,对长期不清的往来款项,应及时进行清理。对于确实无法收回的应收款项和无法支付的应付款项,应报经批准后及时核销。

【本项目小结】

财产清查的定义	财产清查,就是通过对各项财产的实地盘点,以及对银行存款、各种债权债务的核查,将一定时点的实存数与账面结存数核对,借以查明账实是否相符的一种专门方法
财产清查的种类	1.按照清查对象的范围：分为全面清查和局部清查 2.按照清查的时间：分为定期清查和不定期清查 3.按清查执行单位：分为内部清查和外部清查

续 表

财产物资的盘存制度	永续盘存制	永续盘存制亦称账面盘存制 计算公式:账面期末余额＝账面期初余额+本期增加额-本期减少额	
	实地盘存制	实地盘存制也称定期盘存制 计算公式:本期减少额＝期初余额+本期增加额-期末实际结存成本	
库存现金的清查	清查方法	通过实地盘点的方法,确定库存现金的实存数,再与现金日记账的账面余额核对,以查明库存现金是否账实相符。盘点结果应填制"现金盘点报告表"	
	清查结果处理	现金短款:实存数小于账存数	现金长款:实存数大于账存数
		批准处理前: 借:待处理财产损溢 　贷:库存现金 批准处理后: 借:管理费用、其他应收款 　贷:待处理财产损溢	批准处理前: 借:库存现金 　贷:待处理财产损溢—— 批准处理后: 借:待处理财产损溢 　贷:营业外收入、其他应付款
银行存款的清查	清查方法	账目核对法,将银行存款日记账与银行对账单逐笔进行核对。若双方余额不相等,记账的错误或存在未达账项。记账的错误更正,存在未达账项应编制银行存款余额调节表进行调节	
	未达账项	四种情况:企业已收,银行未收;企业已付,银行未付;银行已收,企业未收;银行已付,企业未付	
	银行存款余额调节表	编制原理:余额调节法 　企业银行存款日记账余额+银行已收企业未收款-银行已付企业未付款 　＝银行对账单余额+企业已收银行未收款-企业已付银行未付款 如果调节后双方余额相等,则一般说明双方记账没有差错;若不相等,则表明企业或银行或双方记账有差错,应进一步核对,查明原因予以更正 银行存款余额调节表只起检查、对账的作用,不能作为账务处理的依据	
实物的清查	清查方法	实地盘点法;技术推算法;抽样盘点法	
	清查结果处理	盘点结果应编制实存账存对比表	
		盘亏:实存数小于账存数	盘盈:实存数大于账存数
		在批准前: 借:待处理财产损溢 　贷:原材料 批准后: 借:管理费用、其他应收款、营业外支出等 　贷:待处理财产损溢	在批准前: 借:原材料 　贷:待处理财产损溢 批准后: 借:待处理财产损溢 　贷:管理费用
往来款项的清查方法	采用函证核对法,同经济业务往来单位核对账目		

【课堂讨论】

资料： 大通股份有限公司对存货采用实地盘存制，年终实地盘点时发现价值80万元的存货因保管不善造成毁损，总经理张华要求财会部门不列报材料毁损情况。另外，张华决定对企业存货改用永续盘存制，因为实地盘存制不能及时提供商品存货状况的信息，经常导致销路好的商品短缺，而仍有很多销路不好的存货在库。

讨论： （1）张华要求财会部门不列报材料毁损情况这一做法是否合适？

（2）对于毁损材料应如何进行正确处理？

（3）改为永续盘存制是否能加强大通股份有限公司对存货的控制？改变后是否还须实地盘点？

【复习思考题】

1. 什么是财产清查？财产清查的意义是什么？
2. 财产清查的种类有哪些？
3. 什么是永续盘存制和实地盘存制，各有哪些优缺点？
4. 简述财产清查的方法。
5. 什么是未达账项？如何编制"银行存款余额调节表"？
6. 说明"待处理财产损溢"账户的性质、用途和结构。
7. 如何进行债权债务清查？
8. 如何进行财产实物的清查？
9. 如何进行现金的清查？
10. 如何进行银行存款的清查？

项目七

编制财务报告

【知识目标】

1. 掌握财务报表的概念、种类和编制要求。
2. 掌握资产负债表、利润表的基本结构和编制方法。
3. 了解现金流量表的基本原理。
4. 掌握财务报表的整理、报送。

【能力目标】

1. 能编制资产负债表。
2. 能编制利润表。
3. 能对资产负债表的基本信息解读及分析报表中有关数字之间的勾稽关系。
4. 能对利润表的基本信息解读及分析报表中有关数字之间的勾稽关系。

【素养目标】

1. 具有编制财务报表的能力,能为信息使用者提供真实可靠的报表信息。
2. 树立良好的服务意识,提高服务质量,努力维护和提升会计职业的良好社会形象。

【案例导入】

王丽毕业于某大学美术专业。尽管她目前手头仅有400元,可还是决定创办一个美术培训部。她首先向她的一个师姐借款8 000元,以备租房等使用。她购置了一些讲课所必备的书籍和物品,并支出一部分钱用于装修画室。她的美术培训部取名为"成才"。王丽支出100元印制了100份广告传单,用100元购置了信封、邮票等。8天后她已经招收了17名学员,规定每人每月交学费1 800元,并且找到了一位较具能力的同学做合伙人。两个月后,她们已经招收了50名学员,除了归还借款本金和利息合计5 000元,抵销各项必需的费用外,各获得讲课、服务等净收入30 000元和22 000元。

四个月下来,她们的"成才"发展很顺利,平均每月招收学员39名以上,获得收入扣除授课老师的报酬、租房等所有费用后,共获利67 800元。现在王丽感觉到非常自信,想做得更好。她找了一些朋友,他们答应全力帮助她,当前需要她提供现在的财务状况及经营成果的财务报表。"财务报表是如何编制的呢?"她陷入了沉思……

知识导图

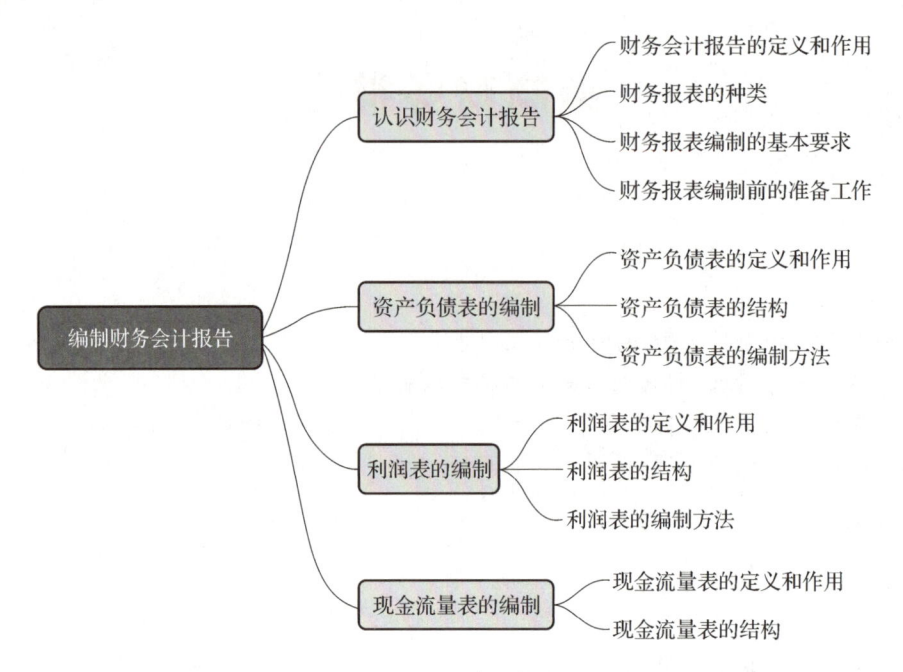

```
                                  ┌── 财务会计报告的定义和作用
                                  ├── 财务报表的种类
                   认识财务会计报告 ┤
                                  ├── 财务报表编制的基本要求
                                  └── 财务报表编制前的准备工作

                                  ┌── 资产负债表的定义和作用
                   资产负债表的编制 ├── 资产负债表的结构
                                  └── 资产负债表的编制方法
编制财务会计报告
                                  ┌── 利润表的定义和作用
                   利润表的编制   ├── 利润表的结构
                                  └── 利润表的编制方法

                                  ┌── 现金流量表的定义和作用
                   现金流量表的编制 ┤
                                  └── 现金流量表的结构
```

任务一　认识财务报告

一、财务报告的定义和作用

（一）财务报告的定义

财务报告是指企业对外提供的能反映企业某一特定日期财务状况和某一会计期间经营成果、现金流量等会计信息的文件。它是企业根据日常的会计核算资料归集、加工和汇总后形成的，是企业会计核算的最终成果。财务会计报告包括财务报表和其他应当在财务会计报告中披露的相关信息和资料。财务报表至少应当包括资产负债表、利润表、现金流量表、所有者权益（或股东权益）变动表、附注。小企业编制的财务报表可以不包括现金流量表。附注是指对在财务报表中列示项目所做的进一步说明，以及对未能在这些报表中列示项目的说明等。

编制财务会计报告是会计核算的专门方法之一，是会计核算的最后环节及会计核算工作的总结。财务报表是财务会计报告的重要组成部分，是财务会计报告的主体和核心。

（二）财务报告的作用

财务报告提供的资料与其他核算资料相比，具有更集中、更概括、更系统和更有条理性的特点。因此，财务报表所揭示的财务信息，无论是对于国家经济管理部门，还是对于企业的投资者和债权人以及企业、行政、事业各单位自身,都具有重要的作用。

(1) 财政、税务、银行、审计等国家经济管理部门,运用单位上报的财务报表,了解各单位财务状况和经营成果,便于检查、监督各单位财经政策、法规、纪律、制度的执行情况,更好地发挥国家经济管理部门的指导、监督、调控作用。同时,各地区、各部门的汇总会计报表提供的信息,为国家制定和修订经济政策、编制国民经济计划、进行综合平衡等工作,提供可靠的依据。

(2) 企业的投资者、潜在投资者和债权人、潜在债权人,利用财务报表提供的财务信息,了解有关经营成果、财务状况及其变动情况,分析企业的偿债能力和获利能力,预测发展前景,据以做出正确的投资决策和信贷决策。

(3) 企业、行政、事业等单位的各级管理人员,通过财务报表了解各单位在一定时期内经济活动情况和成果,了解财务、成本各项指标的完成状况和计划经费收支预算的执行情况。从而分析、考核内部各部门的工作业绩,总结经验,发现问题,采取措施,改进管理,提高经济效益,并为单位进行经济预测和决策提供重要依据。

二、财务报表的种类

财务报表,是对企业财务状况、经营成果和现金流量的结构性表述。财务报表可以按不同的标准分类,如图 7-1 所示。

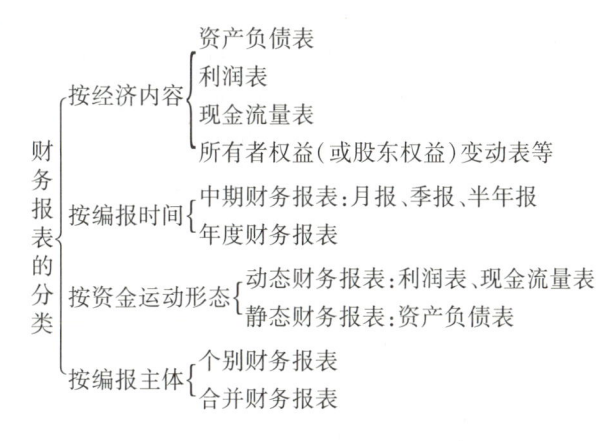

图 7-1 财务报表的分类

财务报表的分类:
- 按经济内容:资产负债表、利润表、现金流量表、所有者权益(或股东权益)变动表等
- 按编报时间:中期财务报表:月报、季报、半年报；年度财务报表
- 按资金运动形态:动态财务报表:利润表、现金流量表；静态财务报表:资产负债表
- 按编报主体:个别财务报表、合并财务报表

(1) 按照所反映的经济内容不同,可分为资产负债表、利润表、现金流量表、所有者权益(或股东权益)变动表等。

(2) 按照编报主体不同,分为个别财务报表和合并财务报表。

① 个别财务报表,是指由企业在自身会计核算基础上对账簿加工而编制的财务报表。它主要用以反映企业自身的财务状况、经营成果和现金流量情况。

② 合并财务报表,是以母公司和子公司组成的企业集团公司为会计主体,根据母子公司的财务报表,由母公司编制的综合反映企业集团财务状况、经营成果和现金流量情况的财务报表。

(3) 按照编报时间不同,分为年度会计报表和中期会计报表。

① 年度财务报表,亦称年报,是用以总括反映企业一个完整会计年度的财务状况、经营成

果、现金流量情况的财务报表。主要包括资产负债表、利润表和现金流量表。

② 中期财务报表，是以短于一个完整会计年度的报告期间为基础编制的财务报表，包括月报、季报、半年报。

(4) 按照反映的资金运动状态，分为静态和动态报表两类。

① 静态报表，亦称时点报表，如资产负债表。

② 动态报表，亦称时期报表，如利润表和现金流量表。

三、财务报表编制的基本要求

为了确保单位财务报表的信息质量，应按以下基本要求来编制财务报表。

(1) 以持续经营为基础编制。企业应当以持续经营为基础，根据实际发生的交易和事项，在此基础上编制财务报表。

(2) 按正确的会计基础编制。除现金流量表按照收付实现制原则编制外，企业应当按照权责发生制原则编制财务报表。

(3) 至少按年编制财务报表。企业至少应当按年编制财务报表。年度财务报表涵盖的期间短于一年的，应当披露年度财务报表的涵盖期间、短于一年的原因以及报表数据不具可比性的事实。

(4) 项目列报遵守重要性原则。在合理预期下，财务报表某项目的省略或错报会影响使用者据此做出经济决策的，该项目具有重要性。重要性应当根据企业所处的具体环境，从项目的性质和金额两个方面予以判断。

(5) 保持各个会计期间财务报表项目列报的一致性。财务报表项目的列报应当在各个会计期间保持一致，除会计准则要求改变财务报表项目的列报或企业经营业务的性质发生重大变化后，变更财务报表项目的列报能够提供更可靠、更相关的会计信息外，不得随意变更。

(6) 各项目之间的金额不得相互抵销。财务报表中的资产项目和负债项目的金额、收入项目和费用项目的金额、直接计入当期利润的利得项目和损失项目的金额不得相互抵销，但其他会计准则另有规定的除外。

(7) 至少应当提供所有列报项目上一个可比会计期间的比较数据。当期财务报表的列报，至少应当提供所有列报项目上一个可比会计期间的比较数据以及与理解当期财务报表相关的说明，但其他会计准则另有规定的除外。

(8) 应当在财务报表的显著位置披露编报企业的名称等重要信息。企业应当在财务报表的显著位置(如表首)至少披露下列各项：① 编报企业的名称；② 资产负债表日或财务报表涵盖的会计期间；③ 人民币金额单位；④ 财务报表是合并财务报表的，应当予以标明。

四、财务报表编制前的准备工作

在编制财务报表前，需要完成下列工作：

(1) 严格审核会计财簿的记录和有关资料。

(2) 进行全面财产清查、核实债务，并按规定程序报批，进行相应的会计处理。

(3) 按规定的结账日进行结账，结出有关会计账簿的余额和发生额，并核对各会计账簿之间的余额。

(4) 检查相关的会计核算是否按照国家统一的会计制度的规定进行。

(5) 检查是否存在因会计差错、会计政策变更等原因需要调整前期或本期相关项目的情况等。

任务二　资产负债表的编制

一、资产负债表的定义和作用

(一)资产负债表的定义

资产负债表,是反映企业在某一特定日期(如月末、季末、年末)财务状况的财务报表,是静态报表,编制报表的理论依据是"资产=负债+所有者权益"会计恒等式。

(二)资产负债表的作用

通过资产负债表可以反映某一日期的资产总额、负债总额以及结构,表明企业拥有和控制的资源及其分布情况;可以提供某一日期的负债总额及其结构,表明企业未来需要用多少资产或劳务清偿债务以及清偿时间;可以反映所有者所拥有的权益,据以判断资本保值、增值的情况以及对负债的保障程度。

二、资产负债表的结构

资产负债表的格式分为账户式和报告式两种,我国企业的资产负债表采用账户式。账户式资产负债表的左边列示单位的各项资产,报表的右边列示单位的各项负债和所有者权益。各项资产、负债按流动性排列。报表的左边资产总额等于报表的右边负债类和所有者权益类总额,即"资产=负债+所有者权益"。

我国企业的资产负债表格式见表7-1。

表7-1　资产负债表

编制单位:　　　　　　　　　　___年___月___日　　　　　　　　　　会企01表
单位:元

资　产	期末余额	上年年末余额	负债和所有者权益（或股东权益）	期末余额	上年年末余额
流动资产:			流动负债:		
货币资金			短期借款		
交易性金融资产			交易性金融负债		
衍生金融资产			衍生金融负债		
应收票据			应付票据		
应收账款			应付账款		
应收款项融资			预收款项		
预付款项			合同负债		
其他应收款			应付职工薪酬		
存货			应交税费		

续　表

资　产	期末余额	上年年末余额	负债和所有者权益（或股东权益）	期末余额	上年年末余额
合同资产			其他应付款		
持有待售资产			持有待售负债		
一年内到期的非流动资产			一年内到期的非流动负债		
其他流动资产			其他流动负债		
流动资产合计			流动负债合计		
非流动资产：			非流动负债：		
债权投资			长期借款		
其他债权投资			应付债券		
长期应收款			其中：优先股		
长期股权投资			永续债		
其他权益工具投资			租赁负债		
其他非流动金融资产			长期应付款		
投资性房地产			预计负债		
固定资产			递延收益		
在建工程			递延所得税负债		
生产性生物资产			其他非流动负债		
油气资产			非流动负债合计		
使用权资产			负债合计		
无形资产			所有者权益（或股东权益）：		
开发支出			实收资本（或股本）		
商誉			其他权益工具		
长期待摊费用			其中：优先股		
递延所得税资产			永续债		
其他非流动资产			资本公积		
非流动资产合计			减：库存股		
			其他综合收益		
			专项储备		
			盈余公积		
			未分配利润		
			所有者权益（或股东权益）合计		
资产总计			负债和所有者权益（或股东权益）总计		

三、资产负债表的编制方法

资产负债表的"上年年末余额"栏是根据上年末资产负债表的"期末余额"栏直接填列,而"期末余额"栏是根据总分类账户和明细分类账户的期末余额填列。具体填列方法有以下几种情况。

(一)根据总账科目余额直接填列

例如,"短期借款""实收资本""资本公积""盈余公积"等项目。

(二)根据总账科目的余额分析计算后填列

资产负债表某一些项目需要根据若干个总账科目的期末余额计算填列,例如:

(1)"货币资金"项目,应根据"库存现金""银行存款"和"其他货币资金"科目的期末余额合计数填列。

(2)"其他应付款"项目,应根据"应付利息""应付股利""其他应付款"科目的期末余额合计数填列。

(3)"未分配利润"项目,反映企业尚未分配的利润。1—11月份应根据"本年利润"科目期末贷方余额,减去"利润分配"科目期末借方余额后的金额填列。年末,应据"利润分配——未分配利润"明细科目期末余额填列。未弥补的亏损,在本项目中以"—"数填列。

(三)根据有关明细账科目的余额分析填列

"应收账款""预收款项""应付账款""预付款项"等项目应根据明细账余额资料分析计算填列。

(1)"应收账款"项目,应根据"应收账款"和"预收账款"所属明细科目的期末借方余额合计数减去"坏账准备"科目中有关应收账款计提的坏账准备期末余额后的金额填列。

(2)"预收款项"项目,据"应收账款"和"预收账款"所属明细科目的期末贷方余额合计数填列;

(3)"应付账款"项目,据"应付账款"和"预付账款"所属明细科目的期末贷方余额合计数填列;

(4)"预付款项"项目,据"应付账款"和"预付账款"所属明细科目的期末借方余额合计数,减去"坏账准备"科目中有关预付款项计提的坏账准备期末余额后的金额填列。

(四)根据总账科目和明细账科目余额分析计算填列

如"长期借款"项目,需要根据"长期借款"总账科目余额扣除"长期借款"科目所属的明细科目中将在一年内到期的长期借款后的金额计算填列。

(五)根据有关科目余额减去其备抵科目余额后的净额填列

例如,"固定资产""无形资产"等科目。

(1)"固定资产"项目,应根据"固定资产"科目的期末余额,减去"累计折旧"科目和"固定资产减值准备"科目的期末余额后的金额,以及"固定资产清理"科目的期末余额填列。

(2)"无形资产"项目,应当根据"无形资产"科目的期末余额,减去"累计摊销""无形资产减值准备"科目期末余额后的净额填列。

（六）综合运用上述填列方法分析填列

例如，"存货""其他应收款"等项目。

（1）"存货"项目，应根据"材料采购""在途物资""原材料""库存商品""发出商品""委托加工物资""周转材料""生产成本""材料成本差异"等科目的期末余额合计数，减去"存货跌价准备"科目期末余额后的金额填列。

（2）"其他应收款"项目，应根据"应收利息""应收股利""其他应收款"科目的期末余额合计数，减去"坏账准备"科目中相关坏账准备期末余额后的金额填列。

【例7-1】 胜利公司2022年10月31日，有关账户的期末余额资料见表7-2。

表7-2 胜利公司账户余额   单位：元

账户名称	借方余额	账户名称	贷方余额
库存现金	3 000	短期借款	200 000
银行存款	623 000	应付账款	123 000
应收账款	158 000	应付职工薪酬	52 300
坏账准备	-4 000	应付股利	15 000
原材料	36 000	应交税费	4 800
库存商品	81 000	利润分配	-35 000
固定资产	520 000	实收资本	400 000
累计折旧	-230 000	资本公积	60 000
无形资产	50 000	盈余公积	42 000
		本年利润	374 900
合计	1 237 000	合计	1 237 000

根据上述资料编制胜利公司2022年10月31日的资产负债表，见表7-3。

表7-3 资产负债表

编制单位：胜利公司　　　　　　　2022年10月31日　　　　　　　会企01表
　　　　　　　　　　　　　　　　　　　　　　　　　　　　　　　单位：元

资产	期末余额	上年年末余额	负债和所有者权益（或股东权益）	期末余额	上年年末余额
流动资产：			流动负债：		
货币资金	626 000		短期借款	200 000	
交易性金融资产			交易性金融负债		
衍生金融资产			衍生金融负债		
应收票据			应付票据		
应收账款	154 000		应付账款	123 000	
应收款项融资			预收款项		
预付款项			合同负债		
其他应收款			应付职工薪酬	52 300	
存货	117 000		应交税费	4 800	

续　表

资　产	期末余额	上年年末余额	负债和所有者权益（或股东权益）	期末余额	上年年末余额
合同资产			其他应付款	15 000	
持有待售资产			持有待售负债		
一年内到期的非流动资产			一年内到期的非流动负债		
其他流动资产			其他流动负债		
流动资产合计	897 000		流动负债合计	395 100	
非流动资产：			非流动负债：		
债权投资			长期借款		
其他债权投资			应付债券		
长期应收款			其中：优先股		
长期股权投资			永续债		
其他权益工具投资			租赁负债		
其他非流动金融资产			长期应付款		
投资性房地产			预计负债		
固定资产	290 000		递延收益		
在建工程			递延所得税负债		
生产性生物资产			其他非流动负债		
油气资产			非流动负债合计		
使用权资产			负债合计	395 100	
无形资产	50 000		所有者权益（或股东权益）：		
开发支出			实收资本（或股本）	400 000	
商誉			其他权益工具		
长期待摊费用			其中：优先股		
递延所得税资产			永续债		
其他非流动资产			资本公积	60 000	
非流动资产合计	340 000		减：库存股		
			其他综合收益		
			专项储备		
			盈余公积	42 000	
			未分配利润	339 900	
			所有者权益（或股东权益）合计	841 900	
资产总计	1 237 000		负债和所有者权益（或股东权益）总计	1 237 000	

任务三　利润表的编制

一、利润表的定义和作用

（一）利润表的定义

利润表又称损益表，是反映企业在一定会计期间经营成果的财务报表。它是依据"收入－费用＝利润"这一会计等式编制的，属于动态报表。

（二）利润表的作用

通过利润表，可以反映企业一定会计期间收入的实现情况；反映企业一定会计期间的费用耗费情况；反映企业经济活动成果的实现情况，据以判断资本保值增值等情况。

二、利润表的结构

利润表的格式有单步式和多步式两种。我国企业的利润表采用多步式。多步式利润表，是按照企业利润形成环节，按照营业利润、利润总额、净利润和每股收益的顺序来分步计算财务成果，从而详细地揭示了企业的利润形成过程和主要因素。其计算步骤如下：

营业利润＝营业收入－营业成本－税金及附加－销售费用－管理费用－研发费用－财务费用＋其他收益＋投资收益（或－投资损失）＋净敞口套期收益（或－净敞口套期损失）＋公允价值变动收益（或－公允价值变动损失）－信用减值损失－资产减值损失＋资产处置收益（或－资产处置损失）

其中：
营业收入＝主营业务收入＋其他业务收入
营业成本＝主营业务成本＋其他业务成本
利润总额＝营业利润＋营业外收入－营业外支出
净利润＝利润总额－所得税费用

利润表的格式见表7－4。

表7－4　利润表

编制单位：　　　　　　　　　　　　　　　年　　月　　　　　　　　　　　　　　单位：元

项　目	本期金额	上期金额
一、营业收入		
减：营业成本		
税金及附加		
销售费用		
管理费用		

续　表

项　　目	本期金额	上期金额
研发费用		
财务费用		
其中:利息费用		
利息收入		
加:其他收益		
投资收益(损失以"-"号填列)		
其中:对联营企业和合营企业的投资收益 　　　　　　以摊余成本计量的金融资产终止确认收益(损失以"-"号填列)		
净敞口套期收益(损失以"-"号填列)		
公允价值变动收益(损失以"-"号填列)		
信用减值损失(损失以"-"号填列)		
资产减值损失(损失以"-"号填列)		
资产处置收益(损失以"-"号填列)		
二、营业利润(亏损以"-"号填列)		
加:营业外收入		
减:营业外支出		
三、利润总额(亏损总额以"-"号填列)		
减:所得税费用		
四、净利润(净亏损以"-"号填列)		
……		
五、其他综合收益的税后净额		
六、综合收益总额		
七、每股收益		
(一)基本每股收益		
(二)稀释每股收益		

三、利润表的编制方法

利润表中的"上期金额"栏内各项数字,应根据上期利润表的"本期金额"栏所列各项目数字填列。如果上期利润表规定的各项目的名称和内容与本期不相一致,应对上期利润表各项目的名称和数字按本期规定进行调整,填入本表的"上期金额"栏内。

利润表"本年金额"栏内各项数字一般应根据损益类科目的发生额分析填列。说明如下:

利润表的编制

(1) 根据本期发生额直接填列。如："税金及附加""销售费用""管理费用""资产减值损失""营业外收入""营业外支出""所得税费用"等项目。应根据各账户本期发生额填列。

(2) 根据有关账户发生额计算填列。"营业收入"项目，应根据"主营业务收入""其他业务收入"科目的发生额分析计算填列；"营业成本"项目，根据"主营业务成本""其他业务成本"科目的发生额分析计算填列。

(3) 根据表中相关数字分析计算填列。如"营业利润""利润总额""净利润"等项目。

【例7-2】 胜利公司2022年11月份有关损益类账户发生额资料见表7-5。

表7-5 胜利公司损益类账户发生额　　　　　　　　　　　　　　　单位：元

账户名称	本期发生额	
	借方	贷方
主营业务收入		708 000
投资收益		15 000
营业外收入		6 000
主营业务成本	426 000	
税金及附加	10 081	
销售费用	4 000	
管理费用	34 580	
财务费用	800	
营业外支出	20 000	
所得税费用	80 000	

根据以上资料，编制胜利公司2022年度11月份利润表，见表7-6。

表7-6 利润表

编制单位：胜利公司　　　　　　　　2022年11月　　　　　　　　单位：元

项　　目	本期金额	上期金额（略）
一、营业收入	708 000	
减：营业成本	426 000	
税金及附加	10 081	
销售费用	4 000	
管理费用	34 580	
研发费用		
财务费用	800	
其中：利息费用		
利息收入		
加：其他收益		
投资收益（损失以"-"号填列）	15 000	

续　表

项　　　　目	本期金额	上期金额(略)
其中:对联营企业和合营企业的投资收益 　　　以摊余成本计量的金融资产终止确认收益(损失以"-"号填列)		
净敞口套期收益(损失以"-"号填列)		
公允价值变动收益(损失以"-"号填列)		
信用减值损失(损失以"-"号填列)		
资产减值损失(损失以"-"号填列)		
资产处置收益(损失以"-"号填列)		
二、营业利润(亏损以"-"号填列)	247 539	
加:营业外收入	6 000	
减:营业外支出	20 000	
三、利润总额(亏损总额以"-"号填列)	233 539	
减:所得税费用	80 000	
四、净利润(净亏损以"-"号填列)	153 539	
……		
五、其他综合收益的税后净额		
六、综合收益总额		
七、每股收益		
(一) 基本每股收益		
(二) 稀释每股收益		

任务四 现金流量表的编制

一、现金流量表的定义和作用

（一）现金流量表的定义

现金流量表是反映企业在一定会计期间现金和现金等价物的流出和流入的报表。现金是指企业库存现金以及可以随时用于支付的存款。现金等价物是指企业持有的期限短、流动性强、易于转换为已知金额现金、价值变动风险很小的投资。

（二）现金流量表的作用

编制现金流量表的主要目的，是为财务报表使用者提供企业一定会计期间内现金和现金等价物流入和流出的信息，以便于财务报表使用者了解和评价企业获取现金和现金等价物的能力，并据以预测企业未来现金流量。现金流量表的作用主要体现在以下几个方面：

（1）有助于评价企业支付能力、偿债能力和周转能力。

（2）有助于预测企业未来现金流量。

（3）有助于分析企业收益质量及影响现金净流量的因素，掌握企业经营活动、投资活动和筹资活动的现金流量，可以从现金流量的角度了解净利润的质量，为分析和判断企业的财务前景提供信息。

二、现金流量表的结构

现金流量表由表头、正表和补充资料三部分内容组成。

（1）表头部分主要说明会计报表的名称、编制单位的名称和编制日期等信息。

（2）现金流量表正表，采用报告式的结构，分类反映经营活动产生的现金流量、投资活动产生的现金流量和筹资活动产生的现金流量，最后汇总反映企业现金及现金等价物净增加额。有外币现金流量及境外子公司的现金流量折算为人民币的企业，正表中还应单设"汇率变动对现金及现金等价物的影响"项目。

（3）现金流量表补充资料，包括三部分内容：① 将净利润调节为经营活动的现金流量；② 不涉及现金收支的投资和筹资活动；③ 现金及现金等价物净变动情况。

现金流量表的基本格式见表 7-7。

表 7-7 现金流量表

编制单位：　　　　　　　　　　　　　　　　　　　　　　年　　月　　　　　　　　　　　　　　　　　　　　单位：元

项　目	本期金额	上期金额
一、经营活动产生的现金流量		
销售商品、提供劳务收到的现金		
收到的税费返还		

续　表

项　　　目	本期金额	上期金额
收到其他与经营活动有关的现金		
经营活动现金流入小计		
购买商品、接受劳务支付的现金		
支付给职工以及为职工支付的现金		
支付的各项税费		
支付其他与经营活动有关的现金		
经营活动现金流出小计		
经营活动产生的现金流量净额		
二、投资活动产生的现金流量		
收回投资收到的现金		
取得投资收益收到的现金		
处置固定资产、无形资产和其他长期资产收回的现金净额		
处置子公司及其他营业单位收到的现金净额		
收到其他与投资活动有关的现金		
投资活动现金流入小计		
购建固定资产、无形资产和其他长期资产支付的现金		
投资支付的现金		
取得子公司及其他营业单位支付的现金净额		
支付其他与投资活动有关的现金		
投资活动现金流出小计		
投资活动产生的现金流量净额		
三、筹资活动产生的现金流量		
吸收投资收到的现金		
取得借款收到的现金		
收到其他与筹资活动有关的现金		
筹资活动现金流入小计		
偿还债务支付的现金		
分配股利、利润或偿付利息支付的现金		
支付其他与筹资活动有关的现金		
筹资活动现金流出小计		
筹资活动产生的现金流量净额		
四、汇率变动对现金及现金等价物的影响		
五、现金及现金等价物净增加额		
加:期初现金及现金等价物余额		
六、期末现金及现金等价物余额		

现金流量表的补充资料见表7-8。

表7-8 现金流量表的补充资料

项　　目	金　　额
1. 将净利润调节为经营活动现金流量	
净利润	
加:(略)	
经营活动产生的现金流量净额	
2. 不涉及现金收支的投资和筹资活动	
略	
3. 现金及现金等价物净变动情况	
略	

知识链接

财务报告的报送

一、报送部门

企业应当依照规定,及时向当地财政机关、税务部门、主管部门等提供财务会计报告。国有企业的年度财务会计报告应同时报送同级国有资产管理部门。上市公司应当向证券监管部门提供财务会计报告。

二、报送形式和要求

企业对外提供的财务会计报告应当依此编定页数,加具封面,装订成册,加盖公章。封面上应当注明:企业名称、企业统一代码、组织形式、地址、报表所属年度或者月份、报出日期,并由企业负责人和主管会计工作的负责人、会计机构负责人(会计主管人员)签名并盖章;设置总会计师的企业,还应当由总会计师签名并盖章。

三、报送时间

月度财务会计报告应当于月份终了后6天内对外报出,季度财务会计报告应当于季度终了后15天内对外报出,半年度财务会计报告应当于半年度终了后60天内对外报出,年度财务报告应当于年度终了后4个月内对外报出。

四、保管期限

年度财务报告(决算)包括文字分析,永久保管;月、季度财务报告(包括文字分析)保管期限10年。

【案例7-1】 万民公司是一家国有大型企业。2018年12月,公司总经理针对公司效益下滑、面临亏损的情况,电话请示正在外地出差的董事长。董事长指示把财务会计报告做得漂亮一些,总经理把这项工作交给公司总会计师,要求按董事长意见办。总会计师按公司领导意图,对当年度的财务会计报告进行了技术处理,虚拟了若干笔无交易的销售收入,从而使公司报表由亏变盈。经诚信会计师事务所审计后,公司财务会计报告对外报出。

请问:这样做对吗？为什么？

分析:

我国《会计法》规定:任何单位和个人不得伪造、变造会计凭证、会计账簿及其他会计资料,不得提供虚假的财务会计报告。伪造、变造会计凭证、会计账簿,编制虚假财务会计报告,构成犯罪的,依法追究刑事责任。尚不构成犯罪的,予以通报并进行一定的罚款。

该公司存在重大会计造假行为,该公司董事长、总经理、总会计师、会计师事务所等相关人员应受到一定的处罚。我国《会计法》规定:单位负责人对本单位的会计工作和会计资料的真实性、完整性负责。这一规定不因单位负责人当时是否在场而改变,更何况该公司的会计造假行为实际上是由董事长授意指使的;总经理和单位负责人、主管会计工作的负责人、会计机构负责人(会计主管人员)一样,都是财务会计报告的责任人,应承担相应的法律责任,更何况该公司总经理也参与了会计造假;对财务会计报告的真实性、完整性负责也是总会计师应承担的会计责任;会计师事务所也应当承担相应的审计责任。

【本项目小结】

财务报告定义	财务报告是企业对外提供的反映企业某一特定日期的财务状况和某一会计期间的经营成果、现金流量等会计信息的文件 财务报告的核心是财务报表,财务会计报告至少应当包括:资产负债表、利润表、现金流量表、所有者权益(或股东权益)变动表、附注
财务报表种类	1. 按经济内容不同分:资产负债表;利润表;现金流量表;所有者权益(或股东权益)变动表 2. 按编报时间不同分:中期财务报表(月报;季报;半年报)、年度财务报表 3. 按资金运动形态分:静态报表(资产负债表)、动态报表(利润表、现金流量表) 4. 按编报主体不同分:个别财务报告;合并财务报告
资产负债表的定义和作用	定义:反映企业在某一特定日期(月末、季末、半年末和年末)的财务状况的会计报表。是静态报表。理论依据:资产＝负债+所有者权益 作用:提供企业拥有或控制的经济资源及分布情况、负债总额及其结构、所有者拥有的权益,了解企业的财务状况、偿债能力等
资产负债表结构	格式:账户式、报告式。我国采用账户式。左边是资产,右边是负债和所有者权益,资产和负债按流动性排列
资产负债表编制方法	资产负债表"上年年末余额"栏内各项数字,应根据上年资产负债表"期末余额"栏内所列数字填列。"期末余额"栏是根据总分类账户和明细分类账户的期末余额填列 具体填列方法: 根据总账余额直接填列:"短期借款""实收资本"等 根据总账余额计算分析填列:"货币资金""其他应付款""未分配利润"等 根据明细账余额分析填列:"应收账款""预收款项""应付账款""预付款项"等 根据总账与明细账余额分析计算填列:"长期借款"等 根据有关科目余额减去其备抵科目余额后的净额填列:"固定资产""无形资产"等 综合运用上述填列方法分析填列:"存货""其他应收款"等

续 表

利润表的定义和作用	利润表是反映企业在一定会计期间经营成果的报表。它是动态报表 理论依据:收入-费用=利润 作用:反映企业收入、费用、利润的构成情况和企业经营成果的实现情况;分析企业的盈利能力和利润增长趋势,为决策提供依据
利润表结构	格式分为单步式和多步式两种。我国目前主要采用多步式利润表
利润表编制方法	按照我国利润表的格式,设有"本期金额"和"上期金额"两栏。"上期金额"栏内各项数字,应根据上期利润表的"本期金额"栏内所列数字填列。"本期金额":一般根据总账损益类账户的发生额填列的 1. 根据发生额直接填列。如"销售费用""税金及附加"等 2. 根据有关账户发生额计算填列。营业收入:根据"主营业务收入""其他业务收入"的发生额计算填列。营业成本:根据"主营业务成本""其他业务成本"的发生额计算填列。 3. 根据表中相关数字分析计算填列。"营业利润""利润总额""净利润"等
财务报告的保管期限	年度财务报告永久保管;月、季度财务报告保管期限10年

【课堂讨论】

2001年9月20日的《中国证券报》上,公布了一份由上海证券交易所、上海证券报、证券时报等三家单位联合调查的调查报告《上市公司信息披露质量调查分析报告》。报告显示,只有8.45%个人投资者认为,上市公司的会计报表完全可信,其余高达91.55%的人认为不完全可信;而所有的机构投资者,无一例外都认为不完全可信。48.28%的个人投资者,对我国上市公司信息披露法规的评价认为"尚不完备",认为"比较完备"的仅占14.26%;机构投资者有41.58%评价为"尚不完备",认为"基本完备"的占35.64%,"比较完备"的占13.86%,"非常完备"的仅占0.99%,极不完备的占7.92%。

会计报表是反映一个企业财务指标的"成绩单"。2001年的这份调查报告说明了什么问题?你认为应该怎么办才能改变这种状况?

【复习思考题】

1. 财务报表是如何分类的?
2. 为什么要编制资产负债表?资产负债表的结构和编制方法如何?
3. 为什么要编制利润表?我国利润表的结构和编制方法如何?

参考文献

[1] 财政部.关于印发《会计人员职业道德规范》的通知.财会〔2023〕1号.
[2] 财政部 国家税务总局 海关总署.关于深化增值税改革有关政策的公告.公告2019年第39号.
[3] 财政部.关于印发《增值税会计处理规定》的通知[R].财会〔2016〕22号.
[4] 财政部 国家档案局.会计档案管理办法[R].财政部 国家档案局令第79号.
[5] 企业会计准则编审委员会.企业会计准则[M].上海:立信会计出版社,2015.
[6] 企业会计准则编审委员会.企业会计准则应用指南[M].上海:立信会计出版社,2017.
[7] 财政部.关于修改《代理记账管理方法》等2部部门规章的规定.财政部令第98号.
[8] 财政部.关于印发2019年度一般企业财务报表格式的通知.财会〔2019〕6号.
[9] 财政部会计资格评价中心.初级会计实务[M].北京:经济科学出版社,2022.11.
[10] 戚素文.基础会计实务[M].北京:清华大学出版社,2009.
[11] 缪启军.会计基础与实务[M].上海:立信会计出版社,2008.
[12] 赵恒伯,关行.基础会计与实务[M].北京:科学出版社,2004.
[13] 财政部会计资格评价中心.经济法基础[M].北京:经济科学出版社,2022.11.